CB019731

BUZZ

© 2021, Buzz Editora
© 2021, Paula Abreu

Publisher ANDERSON CAVALCANTE
Editora TAMIRES VON ATZINGEN
Assistente editorial JOÃO LUCAS Z. KOSCE
Preparação SILVIA MASSIMINI FELIX
Revisão CRISTIANE MARUYAMA, LIGIA ALVES
Projeto gráfico ESTÚDIO GRIFO
Assistentes de design NATHALIA NAVARRO, FELIPE REGIS

*Nesta edição, respeitou-se o novo Acordo Ortográfico da Língua Portuguesa.*

Dados Internacionais de Catalogação na Publicação (CIP)
de acordo com ISBD

A162s

   Abreu, Paula
   *Só cai quem voa: a vida não pode ser só o chão* / Paula Abreu
   São Paulo: Editora Buzz, 2021
   192 pp.

   ISBN 978-65-89623-42-7

1. Autoconhecimento. 2. Vida. 3. Realização pessoal. I. Título.

| 2021-2761 | CDD-150.1943 |
| | CDU-159.9019.4 |

Elaborado por Vagner Rodolfo da Silva CRB-8/9410

Índice para catálogo sistemático:
1. Autoconhecimento 150.1943
2. Autoconhecimento 159.9.019.4

Todos os direitos reservados à:
Buzz Editora Ltda.
Av. Paulista, 726 – mezanino
CEP: 01310-100 – São Paulo, SP
[55 11] 4171 2317 | 4171 2318
contato@buzzeditora.com.br
www.buzzeditora.com.br

PAULA ABREU

# SÓ CAI QUEM VOA

## A VIDA NÃO PODE SER SÓ O CHÃO

*Para minha família*
*e minha amiga Danielle*

# INTRODUÇÃO

*Quando sua lógica lhe disser*
*"Hoje nada mais pode acontecer", fique atento:*
*pode ser que "hoje" tudo aconteça.*
MARIA HELENA NÓVOA

# A VIDA NÃO PODE SER SÓ O CHÃO

*Será que você foi criado para viver*
*um futuro perfeito ou um*
*presente imperfeito, mas cheio*
*de amor e entusiasmo?*

Quando sua voz interior disser, mais uma vez, que algo não é o suficiente, que a vida não pode ser o chão, preste atenção. Talvez essa voz não esteja te empurrando na direção do próximo carro, da próxima bolsa cara, de viagens, um emprego ou um novo romance.

*Não.* Quando algo dentro de você disser que a vida não pode ser só o chão, esse algo não está lhe sugerindo buscar mais coisas: mais sucesso, mais dinheiro, mais poder, nem mesmo mais amor. Essa voz interior está dando a importante dica de que você não está vivendo alinhado com sua Verdade.

E isso significa dizer que você não está fazendo o trabalho interno que precisa ser feito para descobrir de fato quem você nasceu para ser, e também para limpar todas as camadas de condicionamentos, mágoas e energias bloqueadas que estão te impedindo de entrar em contato com seu eu autêntico, e com a fonte de todas as coisas, também conhecida como Deus, Existência, Ser, Universo, e tantos outros nomes.

O autor Rüdiger Dahlke explica que "milhões de seres humanos, que adiam a felicidade para quando ganharem o primeiro milhão ou o grande prêmio da loteria, para quando tiverem casa própria ou atingirem qualquer outro objetivo material, acabam descobrindo – quase sempre tarde (demais) – que não é assim que se obtém a felicidade".

Então, da próxima vez que a voz interior voltar dizendo que a vida não pode se resumir ao chão, pergunte-se: o que eu poderia fazer hoje para me conectar mais comigo mesmo e com Deus, e expressar essa conexão em tudo o que faço?

Este livro vai ajudá-lo a responder a essa – e a outras – perguntas essenciais para a sua realização pessoal.

(E, de quebra, economizar o dinheiro que você gastaria com uma bugiganga nova da qual você não precisa.)

\* \* \*

O ser humano é um ótimo contador de histórias. Certamente, essa foi uma das principais características distintivas que nos tornaram o que somos. Histórias, lendas, contos de fadas, mitos e fábulas nos unem e nos proporcionam a sensação de que estamos todos vivendo uma mesma jornada em busca de algo semelhante.

Contudo, ao mesmo tempo, existem milhares de histórias enraizadas em outro tipo de mitologia – a chamada *mitologia social*, composta pelas premissas que acreditamos serem verdades: faculdade, casa própria, casamento, filhos, estabilidade e segurança no emprego, uma carreira sólida, trabalhar duro para ter dinheiro e sucesso, estudar (ou praticar) pelo menos 10 mil horas para atingir a maestria em algo. O ser humano também é ótimo em contar a si mesmo essas histórias, e em fazer acreditar que essas coisas são requisitos essenciais para atingirmos a felicidade.

Eu, durante quinze anos, construí uma vida inspirada nessa mitologia social, no que eu chamo de "script da vida", aquele roteirinho obrigatório que aprendemos desde crianças que devemos seguir se quisermos ser bem-sucedidos: escola, faculdade, estágio, efetivação, casa própria, carro zero, pós-graduação, casamento, mestrado no exterior, filhos.

Naturalmente, a primeira coisa que se deve fazer para seguir o script da vida e ser bem-sucedido é abandonar qualquer sonho de infância que, aos olhos dos seus pais ou da sociedade, não seja uma carreira "sólida" e respeitável, capaz de gerar dinheiro. A felicidade e a realização pessoal valem muito pouco – ou nada – nessa equação do sucesso.

No meu caso, esse sonho de infância era escrever. Para os meus pais e professores, no entanto, parecia muito mais sensato que aquilo que eu nasci para fazer – e um dos meus maiores talentos – se tornasse um hobby, para que eu pudesse investir meu tempo em trabalhar com algo que fosse uma "carreira de verdade".

(Isso me faz lembrar de quando adotei meu primeiro filho. As pessoas me perguntavam se eu não tinha vontade de ter um filho "de verdade", e eu dizia: "Este aqui é de verdade, pode tocar nele para você ver!".)

Se você também seguiu o script da vida e descobriu, na última página, que não está feliz com o que construiu, este livro é para você. Aqui, vou lhe mostrar como aprender a distinguir suas verdadeiras histórias daquelas que não são verdade *para você*.

\* \* \*

Certa vez, vi uma amiga fazendo planos para depois dos sessenta anos de idade, quando os filhos já estivessem crescidos e ela se aposentasse. "Meu momento de vida é muito atribulado", ela disse. Adiando um sonho para um futuro distante que, cá entre nós, de garantido não tem nada.

Quem disse que você vai viver mais vinte anos? Que vai ter a mesma saúde que tem hoje? Que a vida amanhã será menos atribulada do que a de hoje? (Já reparou como os idosos sempre têm algo a resolver no centro da cidade?) Que o mundo não terá sido invadido por alienígenas?

Como alguém pode viver um hoje insuportável na esperança de ser quem nasceu para ser só depois, amanhã, daqui a um tempo, quando o filho crescer, quando juntar certa quantia de dinheiro, quando a vida for menos atribulada, quando tiver mais tempo, aprender determinada habilidade ou fizer aquela certificação?

A pergunta é retórica, porque a resposta eu sei bem. Vivi nesse limbo por mais de dez anos. Esperando meu filho crescer para poder ser quem eu queria ser. Esperando juntar dinheiro. Esperando me aposentar. Esperando saber e-xa-ta-men-te como viver de escrever.

E, ao mesmo tempo, tentando ensinar para meu filho – apenas na teoria – que ele poderia fazer o que quisesse na vida. Que piada!

Até o dia em que me dei conta da incongruência que eu vivia. De que não fazia o menor sentido a mãe que eu estava tentando ser: aquela que fala e não faz. E me dei conta de que eu não fazia a menor ideia de quantos anos (meses, dias?) de vida eu ainda tinha para ser quem eu nasci para ser.

Então, fiz o que qualquer técnico de computação teria me recomendado fazer: apertei o botão de reiniciar. Reiniciar minhas crenças, meus pensamentos, minhas emoções, meus comportamentos e atitudes, meus hábitos.

A vida é muito atribulada? Corte coisas que são menos importantes do que seu sonho. Não tem tempo? Crie tempo. Tem filhos? Eu tenho quatro. Inclua os filhos no seu plano. Se uma pandemia global não servir para que você perceba que o amanhã não é garantido, nossa! Nem imagino qual será o próximo recado do universo.

\* \* \*

Pode ser que você até já tenha ensaiado sair da Matrix uma ou mais vezes, e pode ser que ainda não tenha dado certo. Nesse caso, tenho algo importante a lhe dizer: você não veio até aqui para vir só até aqui.

Não se deixe cansar. Não se permita desanimar só porque uma – ou várias – tentativas deram errado. Não desista porque ninguém o apoia, ou porque ninguém acredita em você.

Ninguém é você. Ninguém está dentro do seu coração para sentir a certeza que você sente. O Chamado que você ouve. Ninguém sabe tudo o que você já aguentou, já sofreu, já lutou para chegar aonde chegou. Ninguém conhece sua história como você conhece.

E você pode até ter se esquecido disso, mas aí dentro você *sabe* que não veio até aqui para vir só até aqui (lembra daquela voz dizendo que *a vida não pode ser só o chão*? Então.).

Seu potencial é muito maior do que você imagina. Há coisas muito maiores do que pode lhe mostrar, hoje, sua capacidade de sonhar. Tudo depende só de você não cansar. Não desanimar. Não desistir.

Seu futuro, seja qual for sua idade hoje, está só começando. Arregace as mangas e vamos juntos.

---

Preparei materiais extras para você trabalhar a sua medicina. Acesse e aproveite!

# ESCOLHA DESABROCHAR

*E chegou o dia em que o risco de continuar apertada no botão era mais doloroso do que o risco de desabrochar.*
ANAÏS NIN

Para mim, o dia em que o risco de continuar apertada no botão foi mais doloroso do que o risco de desabrochar chegou quando eu tinha 35 anos. Dia 10 de abril de 2012, o dia em que acordei como advogada do mundo corporativo e fui dormir desempregada.

O dia em que percebi que meu maior medo – perder tudo o que tinha construído e ter de recomeçar do zero – era também meu maior sonho.

O dia em que eu percebi que não queria morrer uma semente não germinada, sem nunca ter sido quem eu nasci para ser.

Dali em diante, passei a escolher minha vida, uma decisão de cada vez.[*]

\* \* \*

---

[*] Conto mais sobre essas escolhas no meu livro *Escolha sua vida*, no qual detalhei meu processo de transição de carreira e de vida.

Corta para março de 2020, um pouco antes da quarentena do coronavírus começar: lá estava eu normalizando a amamentação, no palco, com meu filho de quatro meses, na frente de mais de cem pessoas. Minha mãe estava sentada na primeira fila, recertificando-se na minha metodologia de coaching *Escolha sua vida*, assim como minhas duas enteadas adolescentes. Meu filho mais velho, Davi, estava brincando no camarim, e meu marido Rodrigo era o organizador do evento.

Num passado cada dia mais distante, graças a Deus, em outra encarnação com esse mesmo CPF, minha família seria um empecilho para o meu "sucesso", meu filho jamais poderia pisar no meu ambiente de trabalho – estaria "atrapalhando", as pessoas iriam revirar os olhos.

E mesmo que meu filho, minha mãe ou meu marido pudessem ver de perto o que eu fazia, eu mesma jamais ia querer isso. Afinal, como eu poderia me orgulhar de, por exemplo, advogar em defesa da indústria do tabaco, enquanto meu pai – que começou a fumar aos treze anos de idade – definhava e morria de enfisema pulmonar?

Eu, que tinha cursado Direito por ter a Justiça como um dos meus maiores *valores internos*, tinha me dado conta de que, na vida real, o buraco do judiciário no Brasil era bem mais embaixo. E, para atingir o sucesso que a sociedade esperava de mim, eu havia me afastado completamente da Justiça e de tantos outros valores.

A verdade é que eu nunca nem tinha parado para pensar no que eram meus valores ou o que precisava ser inegociável para que eu fosse verdadeiramente feliz.

Se você não sabe bem quais são seus valores inegociáveis ou, pior ainda, se anda negociando o inegociável, você ainda nem começou o processo de viver de propósito.

Hoje um dos meus valores inegociáveis é que minha família pode – e deve! – participar do meu trabalho. Porque eu me orgulho dele, porque ele é inclusivo, porque ele acrescenta na vida de quem eu amo.

E, para mim, não existe nenhum marcador de sucesso mais importante que esse.

\* \* \*

Hoje, comemoro muitos anos de liberdade, de reconexão com minha essência, muitos anos trabalhando para a luz.

Compartilho o que aprendi nestes 44 anos de vida, na esperança de que, de alguma forma, isso o ajude a saber quem você é, a estar confortável com quem você é, e a viver sua vida baseado em quem você é, e pagar suas contas sendo quem você é.

Para chegar o dia em que você também escolha desabrochar.

Assista a este vídeo:

 *3 passos para gerar coragem.*

Segundo as leis da Física (não me pergunte qual, pois certamente eu estava distraída nessa aula pensando que aquilo nunca mais seria útil na minha vida), dois corpos não podem ocupar o mesmo lugar no espaço ao mesmo tempo.

Enquanto estiver aí apegado a essa carreira, ao trabalho, ao relacionamento amoroso, aos amigos que não são para você e cujos hábitos você absorve e passa a praticar como se fossem seus – todas essas coisas que você escolheu de acordo com o roteirinho da vida –, você não está deixando espaço suficiente na sua vida para que possa chegar àquilo que verdadeiramente é seu.

Você não consegue ver o trabalho que nasceu para fazer, não consegue ter o relacionamento amoroso profundo e conectado que merece e gostaria de ter, não faz amigos que apoiem seus sonhos.

Enquanto se agarra à zona de conforto, você não olha ao seu redor, não enxerga as oportunidades e possibilidades que diariamente se apresentam aos seus olhos.

Você ignora os insights e as mensagens do seu coração, porque tem medo de como será se você mudar, como será se você "perder" esse algo a que se apegou. É incrível como nosso ego lida mal com essa coisa de perder, mesmo quando o que estamos perdendo é algo péssimo na nossa vida. Em especial se, aos olhos de outras pessoas, forem conquistas incríveis que elas até mesmo invejam. Seu coração sabe que aquilo não é para você e que não está lhe trazendo felicidade, mas seu ego está orgulhoso de parecer "bem-sucedido" para os seus parentes, amigos e colegas de trabalho.

Quanto mais do seu tempo de vida deve continuar sendo sacrificado para manter as aparências?

Você age como um prisioneiro que, ao ver a porta da prisão entreaberta, não sai porque tem medo do mundo lá fora.

Sinceramente, o que pode ser pior do que viver preso a uma vida que não é para você?

---

Assista a este vídeo:

 *O que é essencial para você?*

# FAÇA-SE ESTA PERGUNTA
## TODOS OS DIAS DA SUA VIDA

*A felicidade às vezes é uma bênção –*
*mas geralmente é uma conquista.*
PAULO COELHO

Para ter sucesso em qualquer coisa na vida, sempre faça a si mesmo esta pergunta quando se deparar com algo que lhe parece "errado": "E aí, então, o que você vai fazer hoje para mudar isso?".

Você sabe, tão bem quanto eu, que o talento número 1 da nossa mente é encontrar problemas em tudo. Só que depositar sua energia apenas no problema – especialidade da nossa mente! – não vai lhe levar a lugar nenhum. E perguntas poderosas têm a capacidade de mudar nosso foco e nos fazer agir.

Estou sugerindo que você aproveite a habilidade nata que já tem de identificar tudo que está errado – nas coisas, nas situações, no seu parceiro amoroso, em você mesmo, no mundo! – e se pergunte o que vai fazer hoje mesmo para mudar isso.

E comece. Nem que seja por um pequeno primeiro passo. Aquele que para você é possível dar hoje, a partir de onde está e com o que você tem.

Foi assim que comecei meu negócio, em 2012, quando abandonei minha carreira de advogada depois

SE VOCÊ NÃO SABE BEM QUAIS SÃO SEUS VALORES INEGOCIÁVEIS OU, PIOR AINDA, SE ANDA NEGOCIANDO O INEGOCIÁVEL, VOCÊ AINDA NEM COMEÇOU O PROCESSO DE VIVER DE PROPÓSITO.

de ser demitida do meu último emprego. Primeiro, identifiquei o problema: estava infeliz na minha carreira havia mais de dez anos. Queria seguir minha paixão (escrever), mas não sabia como fazer dinheiro escrevendo.

E me perguntei: "o que eu posso fazer hoje mesmo para mudar isso?".

A partir daí, comecei a estudar ainda mais sobre desenvolvimento pessoal, alta performance, coaching e marketing digital, busquei e encontrei mentores no mundo todo para aprender a pagar minhas contas com o dinheiro das minhas ideias.

Se eu tivesse feito a mim mesma essa pergunta dez anos antes, muita coisa na minha vida teria sido diferente.

Hoje, faço muitas coisas para ganhar a vida, e uma delas é ensinar outras pessoas a fazer o mesmo movimento que eu fiz: encontrar uma forma de pagar os boletos com sua paixão, compartilhando suas medicinas – calma, falaremos delas daqui a pouco.

Para isso, a primeira coisa que você precisa é entender de verdade o que é *propósito* e como ele funciona. Acredite, é diferente de tudo o que você já leu ou pensou, e é muito mais simples do que você imagina.

Escute este episódio do podcast *Escolha Sua Vida*:

 *Seus marcadores de sucesso.*

# I

# PROPÓSITO

# SE VOCÊ NÃO SABE QUAL É SEU PROPÓSITO

*Todo mundo tem um propósito.*
*Poucas pessoas sabem qual é o delas.*
PETER MCWILLIAMS

Você já pensou alguma vez: "não sei qual é meu propósito de vida"? Ou mesmo: "eu não tenho um propósito de vida"?

Feche os olhos, respire fundo e pense nesta frase. "Eu não sei qual é meu propósito", ou "eu não tenho um propósito de vida".

Agora se pergunte: "isso é verdade?".

Não responda com sua mente, respire fundo, feche os olhos e escute a voz do seu coração.

Independentemente de você ter respondido sim ou não, quero saber: como você reage quando acredita que não sabe qual é seu propósito ou, pior, que você não tem um propósito?

Pode ser que você viva estressado, que estoure com as pessoas que você mais ama, que não tenha paciência com seus filhos.

Pense também em como você se sente... talvez se sinta vazio, ou talvez seu emprego atual pareça vazio, talvez se sinta isolado, triste, deprimido, impaciente, querendo resolver tudo de uma vez, frustrado, decepcionado consigo mesmo, com a vida, desanimado, preguiçoso, perdido, angustiado, sozinho.

Como você se sente? Continue sua investigação.

"Todo sofrimento só existe porque você está acreditando num pensamento não questionado", segundo a autora Byron Katie, por isso estamos usando as perguntas dela para questionar os pensamentos mais frequentes quando se pensa sobre *propósito de vida*.

Quem você seria sem esse pensamento de que você não sabe qual é seu propósito, ou de que não tem um propósito?

Talvez você descubra que se sentiria livre, leve e desperto o bastante para encontrar qual é seu verdadeiro propósito!

Quando pergunto isso aos meus clientes, eles respondem coisas como: bem-sucedido, energizado, pleno, confiante, realizado, iluminado, livre, feliz, seguro, relaxado, tranquilo, leve, em *flow*, produtivo.

Ao invertermos o pensamento "eu não tenho um propósito", o pensamento oposto seria "eu tenho, SIM, um propósito". E, como nossa mente só trabalha com evidências, quero que você encontre três provas de que você tem um propósito SIM.

Meus clientes me dão provas como "não gosto de fazer as coisas por fazer", "se estou buscando um propósito é porque ele existe", ou "tudo na vida tem um propósito, por que comigo seria diferente?".

Quando você começa a pensar "eu não sei qual é meu propósito" (mesmo que você tenha dito que esse pensamento é verdade), o que realmente te estressa não é não saber. O que está causando ansiedade, estresse, angústia e as demais sensações e emoções negativas que você identificou é achar que você *deveria saber o que é seu propósito...* sendo que você não sabe!

A primeira grande revelação deste livro é que, se você não sabe qual é seu propósito, você NÃO deveria saber qual é seu propósito!

E sabe como eu sei disso?

Porque você não sabe qual é seu propósito! E essa é a realidade!

Qualquer coisa que você pense que você "deveria ser" diferente do que é, de verdade, é uma tentativa sua de lutar contra a realidade, contra o momento presente, contra a existência, contra o fluxo da vida, contra todo o universo.

E, toda vez que você luta contra a existência e contra o que é, o resultado é o mesmo: você sofre.

Em vez de sofrer porque a realidade não está acontecendo exatamente do jeitinho que você gostaria, lembre-se de que o momento presente é sempre perfeito. Isso significa que, se você hoje ainda não sabe qual é seu propósito, só pode ser porque você não deveria saber mesmo. Talvez sua alma ainda não esteja pronta para essa informação. Talvez não seja o melhor momento. Talvez você ainda precise aprender alguma lição ou desenvolver alguma habilidade antes.

Tudo que está acontecendo agora é exatamente o que deveria estar acontecendo.

---

Assista a este vídeo:

 *4 perguntas de libertação – Byron Katie.*

# SOMOS TODOS PARTE DESSA XÍCARA

A *verdade suprema de quem nós somos*
*não é "eu sou isso ou eu sou aquilo",*
*mas "eu sou".*
ECKHART TOLLE

A atual pesquisa da ciência natural tem se aproximado cada vez mais do conhecimento metafísico, que valida a visão de mundo do médico e alquimista Paracelso, segundo a qual o microcosmo é igual ao macrocosmo. O universo funciona como se fosse nosso organismo: temos órgãos, membros, células e tudo funciona de forma coordenada. Cada coisinha tem seu papel. Se, alguma coisa falha ou para de funcionar, provavelmente ficaremos doentes ou até morreremos, pois o todo não funciona sem as pequenas partes.

O que é uma célula cancerígena? É uma célula que perde a noção de que faz parte de um todo, e começa a se reproduzir desnecessária e agressivamente, num comportamento que não é mais favorável ao organismo.

No universo, ocorre exatamente da mesma maneira: as montanhas, os passarinhos, as borboletas, as estrelas, os seres humanos são como células de um organismo.

Segundo a hipótese do átomo primordial de Georges Lemaître, também conhecida como teoria do Big

Bang, o universo surgiu de uma explosão ou expansão primordial. Se aceitamos essa teoria – e ela é a dominantemente aceita no meio científico atual –, podemos dizer que todas as partes envolvidas permanecem em eterna relação.

É como se uma xícara se partisse no chão e, a partir desse momento, todos os pedacinhos continuassem sendo partes daquela xícara. Eu, você, as pessoas que você ama e seu chefe chato. Somos todos caquinhos de uma mesma coisa e, com supercola e um pouco de paciência, quem sabe um dia poderíamos até mesmo voltar a ser um só.

Essa mesma teoria, explicada de outras formas, é também defendida por vários textos sagrados do Oriente. Somos todos um: estamos todos aqui ao mesmo tempo e fazemos parte do universo neste momento, no agora.

\* \* \*

Assim como com tudo na natureza, você também tem seu papel. Até porque – pasme! – você também é um animal da natureza, por mais que tenha se esquecido disso.

Se você hoje não sabe que papel é esse, qual é seu propósito, é porque, para o universo como um todo, e para você como indivíduo, essa é a melhor coisa que poderia estar acontecendo. *Está tudo bem.*

Ao contrário do que muita gente pensa, seu propósito não precisa ser algo "grandioso", ele é para ser exatamente o que você está fazendo agora.

O autor Eckhart Tolle diz que "aquilo que é notável surge das pequenas coisas que são dignificadas e tratadas com atenção".

Isso significa que você precisa se conformar com uma carreira ou trabalho que não te faz feliz ou te realiza?

Claro que não! Se não, a gente não estaria tendo esta conversa, e muito menos eu estaria escrevendo este livro.

Mas o momento presente é o que é. Se você não está satisfeito, sempre pode escolher entrar em ação para mudá-lo naquilo que você sente que deve ser mudado.

Já se você escolher não agir, precisa escolher aceitar a realidade como ela é, e dignificar as pequenas coisas tratando-as com sua atenção plena.

De todo modo, você precisa primeiro aceitar o momento presente, para apenas depois poder mudar qualquer coisa.

Aceitar a realidade não significa engolir sapo, mas sim parar de gastar energia rejeitando ou resistindo à realidade. Ou reclamando. Parar de achar que "*deveria*" ser diferente agora e, em vez disso, entrar em ação para que venha a ser diferente no futuro – pois você está construindo esse futuro a cada escolha que faz no agora.

Todas essas coisas ruins que você percebeu que sente quando acredita nesse pensamento de não saber qual é seu propósito, mas *deveria* saber, são, na verdade, sua reação ao *seu pensamento*, e não ao fato de não saber.

Porque, mesmo que você tenha respondido que é verdade que você não sabe qual é seu propósito, me diga: o que tem de estressante nesse fato por si só? Absolutamente nada! Aposto que você também não sabe como a luz se acende quando você aperta o interruptor, e está tranquilo em não saber.

Contudo, a partir do momento em que pensa que *deveria* saber, ou seja, que a realidade deveria ser *diferente* do que ela *é*, você inicia uma luta com a realidade, e começa a sentir todas as emoções que percebeu que sente... raiva, frustração, mágoa, decepção, tristeza etc.

O ego quer sempre controlar tudo, saber de tudo.

Seja qual for seu atual nível de conhecimento sobre seu propósito, minha proposta é que você, apenas durante a leitura deste livro, aceite que *está tudo bem*, e permaneça com a mente e o coração abertos para se reconectar com a sabedoria que, posso garantir, já está dentro de você.

Assista a este vídeo:

 *Como aceitar a realidade?*

# O SEGREDO QUE NINGUÉM LHE CONTOU SOBRE PROPÓSITO

Quando decidi abandonar minha carreira, em 2012, eu tinha uma certeza: meu propósito de vida era escrever. Afinal de contas, era isso que eu queria fazer da minha vida desde a infância. E foi exatamente o que comecei a fazer todos os dias, já que eu estava desempregada e tinha todo o tempo do mundo.

À medida que ia escrevendo mais sobre minha nova vida, minha nova rotina e meus novos sonhos, as pessoas que me liam e me seguiam naquela fanpage do Facebook começaram a me pedir ajuda para escolher suas próprias vidas.

"Você pode ser minha coach/mentora?", elas me perguntavam em mensagens privadas. Eu, que não tinha muita ideia do que um coach ou mentor fazia, comecei a pesquisar sobre o assunto e achei interessante. Ajudar pessoas a serem mais felizes e ainda por cima pagar meus boletos, hum, parecia uma ótima ideia!

Foi assim que acidentalmente me tornei coach. E, de repente, me vi fazendo um trabalho que, pouco tempo antes, eu sequer sabia que existia ou que era possível. E eu estava extremamente feliz fazendo aquele trabalho!

Mas... se eu achava que meu propósito de vida era escrever, como era possível eu estar tão feliz e realizada fazendo outra coisa totalmente diferente?

Naquele momento, descobri uma primeira peça importante sobre o quebra-cabeças do propósito e a inseri no meu terceiro livro, *Escolha sua vida*: "Seu propósito de vida é ser você".

Na época, achei que isso era tudo. Afinal de contas, na Natureza, tudo nasce com um propósito, para se tornar alguma coisa. A semente da mangueira se tornará uma mangueira e dará mangas. A semente de manga não se tornará uma macieira e dará limões.

Nós, seres humanos, também fazemos parte da Natureza. Então, nada mais natural do que termos, também, o propósito de ser quem nascemos para ser.

Mas, algum tempo depois, num workshop com o mestre espiritual Eckhart Tolle, ouvi uma explicação um pouco diferente e que fez ainda mais sentido. Segundo ele, ser quem nascemos para ser é nosso "propósito primário". Esse propósito está alinhado com o propósito do universo, que comprovadamente também está em expansão, segundo os cientistas. E, mais ainda, esse propósito está alinhado com o que fomos criados para ser e, portanto, está alinhado com nosso Criador. Exercê-lo nos conecta com esse Criador.

Porém, como é que esse propósito se manifesta? Como ele "aparece" no mundo, assim como a mangueira e as mangas? Segundo Eckhart Tolle, quem somos deve se manifestar na forma do que fazemos.

Portanto, o trabalho que *fazemos* ou nosso trabalho – e que muitos confundem como sendo seu propósito de vida – seria *apenas* o "propósito secundário". E, como tal, deve estar alinhado com o propósito primário.

Para nos sentirmos plenos e realizados e para que estejamos verdadeiramente vivendo nosso propósito, precisamos alinhar nosso Ser com nosso fazer, de forma que o *ato de fazer* seja uma expressão fiel de quem somos.

Quando criamos a partir do Ser, estamos apoiados pela energia criativa do universo e, portanto, tudo flui com facilidade. Em 2012, eu não precisava fazer muito para surgirem meus primeiros clientes de coaching: eu estava simplesmente sendo eu e contando minha jornada de criação de uma vida extraordinária, numa página do Facebook.

Já quando criamos a partir exclusivamente do fazer e deixamos o Ser de lado, estamos criando a partir do nosso ego e, portanto, forçando resultados (dinheiro, poder, *status*) que, no final das contas, não nos trazem felicidade ou realização – e ainda nos dão um trabalhão para conseguir. Deixamos de ter o apoio dessa inteligência superior que organiza todo o universo, e passamos a agir baseados apenas na nossa própria inteligência humana, que é limitada à nossa perspectiva individual do mundo.

Nos últimos dez anos, ajudei mais de 100 mil alunos em busca do seu propósito de vida. Muitas vezes, vi pessoas abandonarem carreiras de mais de uma ou duas décadas para se lançarem em direção a alguma paixão. E testemunhei, também, algumas dessas

pessoas voltarem à mesma sensação de vazio e de infe-
licidade depois de alguns anos, mesmo fazendo aquilo
que amavam.

Por quê? Porque tinham feito apenas uma mudança
no seu *fazer*, mas continuavam desconectadas do seu Ser.

Da mesma forma, vi inúmeras pessoas que começaram suas jornadas de autoconhecimento comigo com a
certeza de que queriam mudar de trabalho ou de carreira
e, ao longo do processo, de maneira surpreendente até
mesmo para elas, se descobriram felizes no mesmo trabalho ou carreira que, poucos meses antes, parecia estar
destroçando sua alma. Como? Apenas se reconectando
com seu Ser, e trazendo mais de si mesmas para o seu
trabalho todos os dias.

* * *

Em 2012, quando abandonei minha carreira como advogada para escrever, eu me imaginava passando meus
dias de pijama, debaixo das cobertas, com meu laptop
escrevendo livros.

Hoje eu faço muitas coisas bastante diferentes do
que imaginei. Conduzo eventos ao vivo e online para
milhares de pessoas, dou palestras no Brasil todo, nos
Estados Unidos e na Europa, tenho grupos de coaching
e de mentoria com centenas de pessoas, tenho uma comunidade de mais de 1,5 mil mulheres empreendedo-
ras, sou mentora de mais de sessenta empresários, criei
mais de quarenta cursos online que, ao longo dos anos,

ajudaram milhares de alunos, dou coaching e consultoria para artistas, celebridades, atletas e CEOs brasileiros e estrangeiros sobre marketing online, dentre muitas outras coisas.

Jamais poderia me imaginar fazendo nenhuma dessas coisas quando era advogada e sonhava apenas em escrever. Nitidamente, os sonhos de Deus para mim eram muito maiores do que os meus.

Talvez você esteja lendo este livro porque ainda não tem ideia nem de quais são seus próprios sonhos para você mesmo, que dirá os de Deus. Mas, apenas durante esta leitura, acredite: você, como tudo na Natureza, foi criado por um motivo. E vamos juntos encontrá-lo.

---

Escute este episódio do podcast *Escolha Sua Vida*:

 *Duas perguntas que definiram a minha vida.*

# A OPINIÃO DOS OUTROS

*Não se deixe intimidar pela opinião dos outros. Só a mediocridade é segura, por isso corra seus riscos e faça o que deseja.*
PAULO COELHO

Uma das lembranças que guardo dos meus muitos anos trabalhando no mundo corporativo é de como era "bonito" estar ocupado o tempo todo. Este diálogo acontecia milhares de vezes por dia:

– E aí, como você está?

– Nossa, tô fodida!

E ai de quem não estivesse *fodido*, porque não estar ocupado catorze horas por dia era sinal de irrelevância profissional, incompetência, alienação e, "nossa, fulano não veste a camisa mesmo!".

Quando abandonei o mundo corporativo, achei que nunca mais veria esse tipo de comportamento disfuncional. Mas descobri que o mundo aqui fora é tão estranho quanto o mundo corporativo.

Ao longo dos anos, fui percebendo que é considerado normal alguém reclamar da vida e de estar sobrecarregado, reclamar da trabalheira que é cuidar de marido/esposa/filhos/pais e vestir a roupinha de mártir – vamos falar mais sobre esse arquétipo da vítima nos próximos capítulos. O que é visto como estranho e errado é a pessoa que proclama que ama e cuida de si mesma. Essa aí é tachada de narcisista e rapidinho alguém faz com que ela se sinta culpada.

Na sua jornada de conexão entre seu ser e fazer, criando propósito para o seu trabalho, pode ser que você encontre pessoas que vão tecer esse tipo de comentário. Por isso, é importante entender a diferença entre um narcisista e você, que valoriza o amor-próprio e o autocuidado.

Você está aqui buscando se conhecer e se aceitar incondicionalmente, sem se comparar com outras pessoas e sem varrer seus defeitos para baixo do tapete, trabalhando para ser sua melhor versão. Já o narcisista é obcecado consigo mesmo, acha-se superior a todo mundo e é capaz de qualquer coisa para provar isso. As motivações são completamente diferentes: enquanto o narcisista quer ser melhor do que os outros, você quer ser melhor hoje do que você era ontem.

Quanto mais avançar no seu autoconhecimento nessa jornada, menos você será influenciado pela forma como outras pessoas o veem, porque seu senso de quem você é se tornará cada vez mais forte. E, quanto mais você se conhecer, menos as opiniões alheias terão importância para você.

Aos poucos, você perceberá que a maioria das pessoas não consegue entender por que você está tão feliz, porque essa maioria não gosta de si mesma. Como eles poderiam entender?

Tendo consciência disso, você para de se sentir culpado por se sentir bem consigo mesmo.

---

Escute este episódio do podcast *Escolha Sua Vida*:

 *Dois armários.*

# OS GUERREIROS DA LUZ DA ERA DE AQUÁRIO

*A verdadeira paz da alma e da mente
está conosco quando progredimos
espiritualmente, e isso não pode ser obtido
somente com o acúmulo de riquezas, por
maiores que elas sejam.*
DR. EDWARD BACH

Quando comecei a atender pessoas como coach, em 2012, eu achava que minha missão era ajudar pessoas infelizes nos seus trabalhos ou carreiras a refazer algumas escolhas e criar uma vida e trabalho com mais propósito.

Passei muitos anos acreditando nisso, até que comecei a perceber que a maioria absoluta dos meus clientes tinha algumas características em comum. Por sua vez, não eram características tão frequentes assim nas "pessoas normais" no mundo lá fora. Pelo contrário, eram bastante *diferentes* do padrão.

Comecei a observar mais de perto essas características e pesquisei muito sobre elas até conseguir entender quem eram essas pessoas, e por que elas são fundamentais no atual momento do nosso planeta.

No meu quarto livro, *Buda dançando numa boate*, escrevi sobre a transição planetária que estamos tendo a honra de presenciar: a mudança da Era de Peixes para a

Era de Aquário, sobre a qual eu ouço desde que nasci – e que certamente muitas gerações seguintes ouvirão ainda por muitos anos, já que a transição completa dura aproximadamente quatrocentos anos.

Publiquei o *Buda* em 2018, dois anos antes da pandemia global do coronavírus estourar no planeta. Se, lá atrás, ainda havia dúvidas se estávamos ou não vivendo um momento "diferente" do planeta e da humanidade, hoje acredito que isso já esteja mais claro para cada vez mais pessoas, diante de todos os acontecimentos de 2020.

Independentemente de você saber ou não detalhes sobre transição planetária, Era de Peixes ou Era de Aquário, estamos nitidamente vivendo em tempos atípicos, dignos de filmes de ficção científica, e para muito além da minha antiga ideia do que seria o futuro, baseada no que eu via no desenho dos *Jetsons* quando criança.

Em termos de informação, a pandemia não trouxe nada de novo: desde o início dos tempos, somos mortais e estamos sujeitos a morrer a qualquer momento. Contudo, o ser humano tem a tendência de se esquecer dessa realidade da vida com muita facilidade. E uma das grandes mudanças que a pandemia trouxe foi nos relembrar da transitoriedade da vida.

Com essa memória da impermanência reconectada, mais e mais pessoas têm buscado sentido e propósito nas suas vidas, e com mais pressa. As mudanças que vinham acontecendo lentamente – e que eu observo de perto desde que publiquei meu terceiro livro, *Escolha sua vida*, em 2013 – passaram a ser cada vez mais velozes.

A humanidade está mudando e, com ela, todos os seus sistemas e a forma como as pessoas se relacionam. E existem alguns tipos de pessoas que foram desenhadas e enviadas para cá neste momento específico com dons e habilidades próprias para ajudar nesta mudança. São exatamente aquelas pessoas *diferentes* e fora do padrão com quem eu venho trabalhando desde 2012. Se você está lendo este livro, acredito que talvez você seja uma delas.

\* \* \*

Falarei sobre esses três tipos de pessoas da nova humanidade. Todos elas já sentiram, em algum momento, que estavam vivendo a vida de outra pessoa. Sentiram que o mundo não as entende, ou não entende por que se comportam do jeito que se comportam.

Já tiveram também a estranha sensação de despertencer, de nunca se encaixar completamente em lugar nenhum – família, escola, trabalho.

Se esse é o seu caso, veja com qual ou quais dos tipos a seguir você se identifica e, juntos, vamos virar a chave para que você, a partir de hoje, comece a usar essas "diferenças" a seu favor: como uma bênção e não mais uma maldição.

### Adultos índigo

A primeira geração que teve uma onda de muitas crianças índigo foi a dos anos de 1970. Antes disso já havia índigos pela Terra, claro, mas apenas um ou outro em cada época – por exemplo, especula-se que Jesus tenha sido um adulto índigo.

Na Era de Peixes, as pessoas faziam muito as coisas em "cardume", ou seja, faziam as coisas juntas, tudo igual, do mesmo jeito (por exemplo, rezavam igual, usavam uniforme na escola, faziam "dancinha" na boate). Muitas dessas coisas ainda são feitas dessa forma.

Os índigos vieram para quebrar essa massificação e ajudar na transição para que tenhamos pessoas que pensam e agem mais por si mesmas, são mais independentes, criam sua própria maneira de fazer as coisas.

A Era de Aquário favorece a autoexpressão, e os índigos são os fãs número 1 disso.

Neste momento da transição planetária, é previsível que aconteça uma grande quebra de paradigmas, e uma consequente quebra de sistemas antiquados e que já não atendem mais às necessidades do mundo atual, como os sistemas educacional, financeiro, judiciário ou de saúde.

Os índigos têm um radar aguçado para sistemas falidos ou em vias de falir: eles costumam ter um olhar muito crítico para o inadequado ou o que não está mais funcionando, bem como uma visão muito boa para o que poderia substituir o que não funciona mais.

Algumas características de crianças/adultos índigo:

- Sentem-se alienígenas, diferentes, em profunda inadequação.
- Não aceitam ordens sem entender o porquê (crianças que se recusam a fazer dever de casa cujo

objetivo não entendem – pois não foi explicado – e geralmente adultos "insubordinados" no trabalho).
- Têm problemas sérios com sistemas inadequados ou falidos.
- Geralmente não têm interesse em se envolver com política, porque têm a sensação interna de que está tão ruim que nem dá mais para consertar, seria melhor implodir tudo e recomeçar do zero, ou sentem pouco interesse por esses assuntos, que consideram "mundanos" se comparados com assuntos transcendentais.
- Buscam uma missão, sentem que estão aqui para fazer algo muito importante (mas muitas vezes não fazem ideia do quê).
- Muitos têm experiências psíquicas ou sentem bastante curiosidade sobre elas.
- Foram tachados como a "ovelha negra da família", ou "rebeldes sem causa", e diagnosticados com distúrbios como TDAH.

Como essas crianças índigo nasceram na Era de Peixes e foram, portanto, criadas em famílias com estrutura da Era de Peixes, e educadas em escolas da maneira tradicional da Era de Peixes, elas se tornaram adultas que, por fora, se comportam como pessoas da Era de Peixes. Elas precisaram se adaptar a essa realidade para sobreviver.

Porém, por dentro, existe uma alma índigo aprisionada. Esse descompasso ou incongruência do interno com o externo vai, muitas vezes, trazer situações de crise na vida adulta, quando o índigo já cumpriu tudo o que se esperava dele, mas, internamente, ainda sente que não cumpriu sua missão de vida, que ele tanto anseia cumprir.

## Multipotenciais

A multipotencialidade, sobre a qual falei pela primeira vez no meu livro *Escolha sua vida*, significa ser apaixonado por várias coisas ao mesmo tempo. É uma soma de curiosidade acima da média por uma variedade de assuntos também acima da média, com uma capacidade de estudar e aprender (inclusive sozinho) acima da média. E, também, uma capacidade bem acima da média de se entediar com tudo isso rapidinho, e partir para uma nova paixão, o que faz com que pais falem para os seus filhos multipotenciais coisas como:

- Você precisa escolher uma coisa só!
- Isso não vai dar dinheiro...
- Por que você está perdendo tempo com isso?
- Você sempre começa as coisas e nunca termina!

A maior dor do multipotencial – que é um generalista nato – é ter que escolher uma só coisa para fazer para o resto da vida, o que significa desistir de todas as suas demais paixões.

Mas, num mundo em transição para a Era de Aquário, onde dependemos menos das instituições e cada vez mais somos interdependentes, o multipotencial tem um talento muito desejável.

Hoje, por exemplo, vemos um boom de novos empreendedores, em especial no mundo digital. Essas pessoas normalmente começam com o que chamamos de "eupresa", e precisam rapidamente aprender tudo sobre várias áreas diferentes de atuação da empresa.

Em 2012, por exemplo, quando comecei meu negócio, precisei aprender um pouco de programação, fotografia, edição de vídeos, copywriting ou escrita persuasiva, marketing digital, funis e automações, vendas, dentre muitas outras coisas. Provavelmente, se eu não fosse uma multipotencial, teria sido muito mais difícil e doloroso. Para mim foi bastante divertido!

**Empatas**

Todo mundo tem um campo de energia sutil em volta do seu corpo físico, que ultrapassa o corpo em alguns centímetros. Esses campos comunicam informações como bem-estar físico, emoções ou estresse. Quando estamos em lugares muito lotados, ou quando estamos muito próximos a outra pessoa, os campos de energia se misturam. Esse é um movimento natural e acontece com todo mundo, seja empata ou não.

Acontece que a maioria das pessoas – estima-se que 90% – tem uma membrana protetora e permeável que permite que os campos se misturem quando duas ou mais pessoas estão próximas, mas que também faz com que eles se separem quando as pessoas se afastam.

Já os 10% restantes da população são as pessoas altamente empáticas, que se acredita não possuírem essa membrana protetora. Por conta disso, as pessoas altamente empáticas absorvem essas sensações intensas alheias com mais facilidade. E, infelizmente, não conseguem fazer tão bem a separação dos campos e energia quando se separam do outro.

Normalmente a pessoa empata nem imagina isso: não tem ideia de ser altamente empática, nem das consequências no seu dia a dia. Muitas vezes essa pessoa pode ter sido rotulada como sensível demais e se sentiu não compreendida, ou não pertencendo a este mundo.

Ser altamente empático pode ser maravilhoso, em vez de ser um peso ou maldição na sua vida. Certamente não será confortável para você ir a um shopping lotado ou a um show de rock. Mas, por outro lado, você tem mais facilidade do que outras pessoas para sentir os mistérios do universo e também pode fazer de tudo na sua vida com muita paixão.

\* \* \*

Esses três tipos de pessoas têm algo em comum: elas se incomodam, mais do que a média, com a forma como nossa sociedade está organizada hoje. Alguns questionarão o sistema de ensino, de saúde, financeiro, outros questionarão as limitações impostas aos seus múltiplos talentos, as carreiras engessadas, e outros, ainda, questionarão as relações interpessoais e convenções implícitas como a supervalorização de extrovertidos *versus* introvertidos.

Esses guerreiros da luz, como o nome já diz, estão aqui para lutar pela transição do planeta para uma nova ordem mundial, independentemente do que questionam – e sejam esses questionamentos internos ou externos. Adicionalmente a outros chamados específicos e pessoais, todas eles sentem, mesmo que lá no fundo, que fazem parte dessa missão maior.

\* \* \*

Se você se identificou com alguma das características e tipos de pessoas mencionados, estamos num bom caminho no entendimento do que você veio fazer aqui neste planeta, ou pelo menos de boa parte do que veio fazer.

Mas, mesmo que você não tenha se identificado com nada, e que não sejam essas as medicinas que você traz para o mundo, fique tranquilo que vamos juntos identificar quais são suas medicinas.

---

Tem um teste especial para você identificar as características dos três tipos. Acesse a área exclusiva de leitores e aproveite!

# II

# A SUA MEDICINA

# AS MEDICINAS HUMANAS

*Você tem dentro de si mais amor
do que jamais poderia entender.*
RUMI

Para os nativos norte-americanos, cura significa "tudo aquilo que pode vir a ajudar o indivíduo a se sentir mais integrado e harmonizado com a natureza e com todas as formas de vida", conforme explica a autora Jamie Sams. Segundo ela, "tudo aquilo que cure o corpo, a mente e o espírito é considerado medicina".

Mais do que isso, segundo Sams, cura também é "tudo aquilo que nos propicia aumento do poder pessoal, da força e da capacidade de entendimento".

Na natureza, tudo tem uma medicina, um uso, um poder, uma propriedade: elementos, plantas, flores, pedras, cristais, criaturas e animais. As medicinas encontradas na natureza vêm sendo estudadas há muitos anos, e você pode encontrar os resultados dessas pesquisas em livros e cursos sobre fitoterapia, florais, aromaterapia, terapia com cristais, óleos essenciais.

Deus ou, como os índios chamam, o "Grande Mistério", pôs na própria natureza tudo de que qualquer indivíduo possa precisar para se sentir mais integrado a ela, aos seres vivos, e a si mesmo, curando seu corpo, sua mente, as emoções e o espírito.

Se tudo na natureza tem uma medicina ou propriedades curativas, e se o homem faz parte da natureza, então é natural acreditar que o homem também tem essas propriedades. As medicinas humanas são apenas uma extensão de tudo o que já foi estudado em outros campos.

Curiosamente, é comum esquecermos que o homem faz parte da natureza, que somos apenas mais uma das criaturas vivas sobre a Terra. É comum em filmes e programas de televisão nos referirmos ao "homem e à natureza", como se fossem coisas diferentes, separadas. Contudo, essa separação não existe.

As pessoas se afastaram da natureza e das suas medicinas, e isso tornou sua vida mais vazia e sem sentido.

Mas, ao mesmo tempo em que o homem é "apenas mais um" dos animais sobre a Terra, inegavelmente ele é uma criatura *diferente*. Somos o único animal com autoconsciência.

A definição de *autoconsciência* no dicionário Oxford é "consciência que reflete sobre si própria, sobre sua condição e seus processos".

É, portanto, parte da natureza humana refletir sobre si mesmo, seus pensamentos, sentimentos, seu mundo interno, assim como suas ações, atitudes e comportamentos, e tudo o mais que acontece no seu mundo externo como reação a tudo isso.

E essa diferença é ainda mais importante: o homem é o único dos animais que pode refletir sobre suas medicinas e escolher, conscientemente, desenvolvê-las e compartilhá-las com outras pessoas.

Apenas o ser humano pode se questionar sobre quais são os mistérios que despertam suas medicinas mais profundas.

---

Assista a este vídeo:

 *Como reconhecer e utilizar sua medicina.*

# OS QUATRO ELEMENTOS E AS MEDICINAS HUMANAS

*Tem flores que só nascem no cerrado.*

Tudo que faz parte da energia universal está sujeito às leis que regem a natureza. Assim como as flores, as pedras, os rios, as criaturas e tudo na natureza, o homem também está sujeito a essas leis, exposto aos ciclos e elementos.

Existe uma energia vital dentro de cada um de nós, que diferentes povos e culturas (e religiões) chamam de diferentes formas: chi (ou ki), energia crística, prana são alguns dos nomes que talvez você já tenha ouvido. Ao mesmo tempo que emanamos essa energia para o mundo o tempo todo, também a recebemos do mundo o tempo todo.

Na natureza, existem quatro fontes diferentes de energia: o Fogo, o Ar, a Água e a Terra.

Somos o resultado da fusão desses quatro elementos. Bebemos água, nos alimentamos daquilo que vem da terra, respiramos o ar, o sol faz crescer nosso alimento e o fogo prepara o que comemos, além de nos aquecer.

Há, ainda, algumas "coincidências" entre o homem e o planeta com relação aos elementos e sua constituição: a energia do fogo se encontra tanto no núcleo incandescente do planeta quanto no nosso coração, que são caracterizados como pontos centrais. Mais de dois terços tanto do planeta quanto do corpo humano são água. No planeta, a terra está representada pela crosta terrestre, e no corpo humano pelo tecido ósseo e cartilaginoso, ambos sistemas de sustentação. E, por fim, o ar envolve tanto o planeta quanto os seres humanos.

Mais do que isso tudo, nossa constituição traz a energia desses elementos nela impressos, alguns em excesso, outros em falta.

A escritora e astróloga – e minha amiga querida – Maria Helena Nóvoa, no livro *O espelho da lua*, escreveu que "desde épocas muito remotas, bem antes da invenção da escrita, os antigos observavam os ciclos e os elementos da Natureza para aprender sua 'magia'".

Essa magia primitiva era, portanto, baseada nos quatro elementos naturais, aos quais todos os seres no planeta estavam sujeitos.

Porém, por essa magia – esse saber – ser transferida de geração a geração por meio de lendas, mitos, contos de fadas e rituais, unicamente de forma oral, muito acabou se perdendo com as guerras entre as tribos, quando populações quase inteiras foram dizimadas. Por não haver registros escritos, se alguém que tivesse um determinado conhecimento morresse, essa sabedoria acabava morrendo junto. Mas, independentemente de termos ou não esse conhecimento, cada um de nós tem dois desses elementos como predominantes na nossa constituição, como se fôssemos "filhos" deles. Isso impacta tanto na forma como emitimos energia para o mundo, ou como agimos (por impulso ou de forma mais racional), quanto na forma como recebemos energia ou reagimos (emocionalmente ou de forma mais sensata). Algumas pessoas têm um ou mais dos quatro elementos em excesso na sua constituição, e outras têm falta de um ou mais deles.

Hoje, nem todo mundo observa os ciclos e elementos da natureza, e as pessoas estão cada vez mais distantes dessa magia, desse saber.

Maria Helena explica que "magia é a alquimia que podemos fazer com essas quatro formas de energia". Vamos primeiro entender cada um desses elementos para, depois, explorar mais a ideia de "fazer magia" ou alquimia com eles na nossa vida. A seguir, faço um breve resumo de como a autora define os quatro elementos de acordo com as premissas da Astrologia.

O Fogo é vontade, mente impulsiva, competitividade, originalidade, impaciência, tomada de decisões rápidas, individualista, entusiasmo, energia abundante, movido a desafios. Sabe as coisas instintivamente, mas não sabe como sabe. Pouco preocupado com detalhes.

Signos de Fogo: Áries, Leão, Sagitário.

O Fogo em excesso pode trazer solidão e egocentrismo, além de muito arrependimento pelas decisões tomadas de supetão. Já a falta de Fogo cai no seu oposto, que é o Ar.

O Ar é inteligência, mente intelectual, racional, colaboradora, gosta de fazer parte de um grupo, boa comunicação, bom em equipes, não competitivo, detalhista, ponderado, preza pela justiça.

São signos de Ar: Gêmeos, Libra e Aquário.

O Ar em excesso cria o que gosto de chamar de obesidade de conhecimento: a pessoa fica viciada em informação, mas implementa pouco. Já a falta de Ar cai no seu oposto, que é o Fogo.

A Água é sentimento, emoções, sensibilidade, muita criatividade, pouca praticidade, boa memória, caseira, dá muita importância à família e aos amigos. Primeiro reage de forma emocional, e apenas depois vai agir. Tem mais doenças psicológicas causadas por dores emocionais do que doenças físicas. Aprecia arte e tende a escapar da realidade.

São signos de Água: Câncer, Escorpião e Peixes.

A Água em excesso dificulta a criação de raízes e faz com que a pessoa deixe de lado a vida prática para se concentrar apenas nos sentimentos – seus e dos outros. Para quem tem Água em excesso, qualquer pequena dor ou perda emocional pode escalar imensamente. Não liga para dinheiro e tende a não saber como usá-lo corretamente. A falta de água cai no seu oposto, que é a Terra.

A Terra é matéria, praticidade, empreendedorismo, responsabilidade, organização e persistência. Trata-se de um perfil de alguém que sabe materializar. Reage de forma objetiva e não emocional, sempre sensata e baseada em trabalho duro em vez de milagres.

São signos de Terra: Touro, Virgem e Capricórnio.

A Terra em excesso cria preocupação demasiada com o sucesso material, não prestando muita atenção nos sentimentos, o que pode trazer como consequência uma vida solitária e triste, ainda que materialmente abundante. Tem muito medo de perder seu *status*. A falta de Terra cai no seu oposto, que é a Água.

* * *

Certa vez, um dos meus mentores espirituais me disse que "tem flores que só nascem no cerrado". Eu, que já tive o prazer de estar no cerrado algumas vezes, sei que lá de fato existem flores que não se veem em nenhum outro canto do nosso país: exóticas, belíssimas, com cores vibrantes e formas inusitadas.

Essas flores – como o chuveirinho ou a caliandra – travam uma luta constante contra a seca que castiga a região entre março e setembro, e trazem beleza ao segundo maior bioma do nosso país.

Para sobreviver, algumas dessas flores transpiram pouco para armazenar o máximo de água possível, enquanto outras, ainda, se instalam perto de veredas. Há também aquelas que escondem o segredo da sua sobrevivência debaixo da terra. Por isso, estudiosos do bioma chamam o cerrado de uma "floresta de cabeça para baixo": as raízes de árvores da região são até duas vezes maiores do que as árvores acima da linha do solo.

Da mesma forma, as medicinas humanas só florescem com a combinação correta dos elementos, incluindo o excesso ou a falta deles.

Algumas medicinas humanas nascem da falta de amor, da violência, do abuso, da perda, da ausência, da injustiça, da rejeição, do abandono, da humilhação.

As pessoas que possuem essas medicinas são como as flores do cerrado: há muito mais sobre elas no subterrâneo do que na superfície. Por trás da sua sabedoria, existem inúmeras histórias e, na maior parte das vezes, muito sofrimento.

Muitas vezes, essas medicinas estão dormentes, soterradas por baixo de todo esse sofrimento que as gerou, e só poderão vir à superfície por meio da alquimia desse sofrimento.

Tenho muitos clientes que são flores do cerrado. O Mateus Guimarães é um deles.

### HISTÓRIA DO MATEUS GUIMARÃES

*Era abril de 2013.*

*Ficamos só eu e ela.*

*Sophia tinha apenas dois anos e meio quando nossa luta começou. Foi uma luta de quase sete meses dentro do hospital, vendo uma vida saudável se esvair aos poucos.*

*Morei praticamente no hospital por todo esse tempo, enquanto minha filha estudava e meus pais me auxiliavam ficando com ela nesse período.*

*Durante esse tempo todo, eu só pensava no que falaria para a minha filha caso a mãezinha dela não tivesse mais forças para lutar pela vida.*

*Ensaiei algumas vezes na frente do espelho. Eu temia esse momento.*

*Horas antes do último dia de vida da mãe da Sophia, vendo aquele corpo tão fragilizado, prometi no seu leito que, se ela não tivesse mais forças para continuar entre nós e se o caminho do chamamento de Deus fosse maior do que nossos planos terrenos, eu a libertava com a promessa de que faria da nossa filha uma grande mulher, com caráter, autoestima, trabalhadora, espiritualizada, caridosa e independente, assim como a mãe.*

*Quando voltei para casa e me deparei com aquele vazio, veio a hora da pergunta:*

*"Papai, a mamãe vai voltar para casa?"*

*Naquele momento, parecia que haviam enfiado uma espada afiada e dolorida no meu peito.*

*Senti meu coração bater na boca...*

*Minha garganta travou.*

*Tentei equilibrar as lágrimas nos olhos.*

*Tentei respirar fundo e ser forte.*

*Respondi:*

*"A mamãe se transformou na estrelinha mais linda e brilhante e foi morar com o Papai do Céu."*

*Foram as únicas coisas que pude dizer.*

*Ao fim dessa frase, eu já estava chorando rios e desabei como um guerreiro vencido pela dor e pelo cansaço, ajoelhado na frente dela.*

*Minha Sophia, com menos de três anos, se transformou na minha força, ali já nascia o poder da força feminina nela. Ela imediatamente pegou um lenço para secar minhas lágrimas.*

*E disse:*

*"Papai, vou pegar mais papel, pois você está chorando muito."*

*O medo da morte estava cada vez mais próximo. Eu agora não podia morrer: ela só tinha a mim.*

*Estava endividado, desequilibrado emocionalmente, minha fé estava abalada, as contas atrasadas, sem foco na minha empresa e nos meus compromissos.*

*Aquele não era quem EU precisava ser para a minha filha.*

*O superpai estava na corda bamba.*

*Foi aí que comecei a estudar e me aprofundar cada vez mais para criar um plano de independência financeira para ela. Estudei e me apaixonei tanto pelas finanças pessoais que comecei a ser procurado por mulheres para ajudá-las.*

*Um dia entendi que, em vez de ajudar somente minha filha, eu deveria ajudar todas as mulheres que passassem pelo meu caminho, e finalmente entendi minha missão.*

*E hoje, a cada mulher que ajudo a transformar, a criar riqueza e prosperidade, estou pavimentando o caminho próspero e feminino no mundo.*

*Quem vai passar por esse caminho serão várias Sophias.*

*Aprendi a servir e seguir o processo de transformação que a vida me apresentou.*

*O sofrimento me forçou a mudar minhas percepções.*

*Fiz as pazes com Deus (que pretensão a minha), aceitei minha missão e, como prometido, estou preparando mulheres para equilibrar as forças do universo, por meio da educação e transformação.*

*Nem minha filha nem mulher alguma deve estar submetida a relacionamentos tóxicos, subjugada, infeliz, despreparada, com medo e sem autoestima.*

*Eu escolhi a vida que quero para mim e posso ajudar a vida de quem precisa mudar e não quer mais viver robotizada.*

*Eu escolhi ser minha melhor versão e para isso precisei e preciso lapidar sempre as arestas quando me percebo desconectado de mim e da minha missão.*

*Escolhi deixar um legado e deixar marcas por onde passo.*

*Missão!*

*Aceito, agradeço e executo.*

*Não é sobre mim.*

*Tudo se conecta o tempo todo!*

*É sobre nossas escolhas, nossos resgates e superações.*

*Precisamos ser nossa melhor versão.*

A chave de parte desse processo alquímico que somos capazes de fazer, como tudo na natureza, é justamente escolher a todo o momento ser nossa melhor versão, como fez Mateus. Mas alquimia não é só transmutar experiências negativas em aprendizados. Existem outras formas de esse processo acontecer, ligadas à nossa capacidade de renovação, que não é diferente da de nenhum outro ser na natureza.

Assista a este vídeo:

 *Como descobrir a sua verdade.*

# ALQUIMIA E SUA CAPACIDADE DE RENOVAÇÃO

*Estou do lado do poder que surge de dentro, que é inerente a nós, assim como o poder de crescer é inerente à semente.*
STARHAWK

A autora do livro *A magia das plantas*, Mellie Uyldert, explica que "as plantas são grandes alquimistas: elas produzem as substâncias que o solo, onde elas crescem, não contém".

A Natureza é a maior alquimista de todas, com sua inesgotável capacidade de criar o novo através do velho, de renovar, de transformar uma substância em outra, sozinha, apenas com a ajuda do tempo e do clima.

E não é diferente com os seres humanos: eles também têm a capacidade de produzir as medicinas que o ambiente e a família em que crescem não têm.

Da mesma forma que um processo natural pode ser artificialmente acelerado – o que chamamos de alquimia –, também pode ocorrer a aceleração artificial do crescimento da alma humana, que pode ser *intencionalmente* enriquecida, purificada e ter sua frequência elevada.

Você se lembra de que já falamos sobre a capacidade "especial" do ser humano da autoconsciência? É exatamente nesse processo alquímico interno que ela se torna indispensável. Quanto mais observamos e conhecemos a qualidade dos nossos pensamentos, emoções e ações – comportamentos – hábitos, mais podemos conscientemente escolher pensamentos, emoções e atitudes melhores.

Para ilustrar essa nossa capacidade alquímica, como seres da natureza que somos, de produzir algo que nosso ambiente ou família não tenha, vou contar uma história muito pessoal.

Meus avós paternos eram um casal de nordestinos, de Maceió, Alagoas. Ela, uma professora da rede municipal que recebia salário mínimo. Ele, de família de políticos, em determinado momento convenceu minha avó a largar tudo e vir para o Rio de Janeiro com seus cinco filhos.

Quando meu pai ainda era criança, meu avô foi eleito deputado federal e mudou-se para Brasília, deixando minha avó com os cinco filhos no Rio, num apartamento na Zona Norte da cidade. De Brasília, ele mandava uma pequena ajuda para a minha avó, e vinha visitar os filhos esporadicamente. E, assim, o casamento seguia a distância, por força do trabalho dele.

Dessa época, sempre ouvi histórias de dificuldade na infância do meu pai, pois, além de o pai estar distante, minha avó tinha muito pouco para sustentar o básico e não sobrava nada. Uma dessas histórias ficou marcada na minha memória e, certamente, também ficou na do meu pai.

Quando criança, ele queria muito ter uma bicicleta, e, como meu avô não lhe dava uma, passou um longo período trabalhando aqui e ali em bicos pelo bairro até juntar o dinheiro suficiente para comprar uma bicicleta de segunda mão, que ele consertou toda, apaixonado. Aquela conquista foi certamente a maior felicidade da vida dele até aquele momento.

Mas, algum tempo depois, numa das suas visitas, meu avô levou a bicicleta do meu pai embora para Brasília, sem maiores explicações, deixando meu pai arrasado. E isso pode parecer cruel, mas o motivo foi mais cruel ainda. Acontece que, em Brasília, meu avô havia conhecido uma moça de família rica e tinha... se casado!

Não satisfeito em ser bígamo, ele teve com essa esposa um filho ilegítimo, que cresceu com tudo do bom e do melhor e todos os mimos que o dinheiro podia comprar, enquanto meu pai e seus irmãos passavam dificuldades.

Um belo dia, esse filho quebrou a bicicleta, que meu avô tinha comprado, e, como ficou muito triste, inconsolável, meu avô pegou a bicicleta do meu pai e a levou para o filho ilegítimo. Como já escreveu minha amiga Maria Helena Nóvoa, "no plano material não podemos ferir ou matar alguém porque vamos responder a um processo. No plano emocional, ferimos e somos feridos, matamos e somos mortos, e não há leis que nos protejam".

Eu sempre soube dessa história e de muitas outras e passei toda a minha infância e adolescência vendo meu pai lutar por mais de vinte anos na justiça para comprovar a bigamia do meu avô. Isso porque, como se não bastasse todo o resto, quando meu avô morreu, o tal filho ilegítimo deu entrada no inventário como filho único e como se sua mãe fosse a única esposa – embora soubesse, àquela altura, da outra família do meu avô e, inclusive, conhecesse os irmãos, que o aceitaram de braços abertos.

Eu acredito que isso tenha sido um fator essencial na minha escolha por seguir carreira no Direito: passei minha infância inteira vendo meu pai sofrer por toda essa injustiça.

Mas, apesar de conhecer toda a história triste do meu pai e a explicação lógica dos comportamentos dele, eu nunca consegui aceitar, na minha infância e adolescência, que ele fosse um pai distante e ausente, mesmo estando sempre em casa.

Não era de abraço nem de beijo, e muito menos de dizer "eu te amo" (eu não me recordo de jamais ter ouvido isso do meu pai). Passou a vida toda sentado num canto do sofá, atrás de um jornal, ou de livros, lendo, estudando.

Eu sabia que ele era assim por causa do meu avô, que ele não sabia dar amor porque também não tinha recebido amor do pai dele. E, ainda assim, não deixou de doer e de causar em mim uma profunda revolta: por que ele estava repetindo o erro do meu avô?

E eu me lembro de, ainda criança, jurar para mim mesma que "eu seria diferente". Que, se um dia tivesse filhos, eu seria uma mãe extremamente amorosa, presente e carinhosa, que daria muitos abraços e beijos e diria diariamente que amava meus filhos.

Ao longo dos anos, assim como as plantas, eu produzi a substância que não encontrei no solo onde cresci: o afeto e a presença. Aos 31 anos, adotei meu primeiro filho, Davi. Aos 39, "adotei" minhas duas enteadas, Clara e Sarah. E aos 42, engravidei e pari meu pequeno Theo. Tenho milhares de defeitos, como toda mãe, mas certamente afeto e presença não faltam para as minhas crianças em casa.

Não podemos escolher as situações e circunstâncias que vão acontecer na nossa vida, mas sempre podemos escolher como vamos reagir a elas, e quem vamos nos tornar. E aí está o segredo da alquimia que todos nós somos capazes de fazer.

---

**Assista a este vídeo:**

 *Somos todos azeitona.*

Vimos que algumas medicinas só nascem em condições precárias, assim como a flor de lótus mantém suas raízes no lodo e, mesmo assim, suas pétalas se abrem completamente limpas quando o sol nasce, buscando seu espaço na direção da luz.

Porém, isso não é um processo automático. Não basta que aconteça algo "terrível" na sua vida para, de uma hora para outra, você desenvolver uma nova medicina e se ver com um superpoder capaz de transformar sua vida e a de outras pessoas.

Na verdade, raramente é assim que acontece.

Diante de um abuso, trauma, perda, rejeição, abandono, a primeira coisa que fazemos é julgar a situação: ela é "negativa". Sim, quando qualificamos uma situação como negativa, já começamos a julgá-la. A segunda coisa que acontece é nos identificarmos com o arquétipo da vítima.

"Injustiçado", o ego quer buscar culpados e faz planos de vingança, mesmo que você não vá nunca de fato entrar em ação para tornar esses planos reais.

Isso acontece porque o ego é seu entendimento de quem você é como indivíduo, mas ele se vê de fora para dentro: por meio do seu entorno e das coisas que acontecem fora dele. Como esclarece a autora Melissa

Feick, o ego "é parte da sua identidade na Terra, mas a persona do ego não é quem você verdadeiramente é". A única preocupação do ego é "a preservação do *self* e seu controle sobre o ambiente. O ego está tentando mantê-lo seguro".

Todo esse julgamento faz parte do trabalho do ego, como parte do nosso cérebro reptiliano que é responsável pelas nossas reações e autopreservação, ou a chamada *resposta de fuga*, luta, paralisia ou se esconder.

Entenda uma coisa: enquanto viver culpando uma situação ou outra pessoa pela sua falta de felicidade – independentemente da gravidade do que essa outra pessoa possa ter aprontado com você –, você continuará vivendo no modelo de vida do arquétipo da vítima e não conseguirá ativar sua medicina, ser quem você nasceu para ser e compartilhar tudo isso com outras pessoas, realizando seu propósito.

Deixar que o ego conduza sua resposta aos estímulos externos na sua vida é estar constantemente no modo reativo, viver com medo e ansiedade. Nesse modo, você não consegue usar seu pensamento mais elevado.

Quando passamos por situações difíceis, perdoar as pessoas e circunstâncias do passado é, ao mesmo tempo, uma das mais difíceis tarefas e uma das principais ferramentas para ativar o poder das medicinas humanas.

Estamos presenciando a transição planetária e mudando de um passado baseado em medo, controle e abuso de poder para um futuro de verdadeiro perdão, amor incondicional e paz. Essa é uma transformação radical que requer mudanças radicais da nossa parte também. Para que a frequência do planeta mude, a frequência daqueles que o habitam também precisa mudar.

Mas como fazer para transformar o arquétipo de vítima, se você tem vivido o tempo todo nele – ou se percebe que ainda vive nele com relação a um ou mais acontecimentos específicos da sua vida?

Primeiro de tudo, você precisa aceitar e experimentar totalmente o arquétipo de vítima. Identifique em quais momentos, relações e histórias da sua vida você se identifica com esse arquétipo.

Observe o que seu ego estava buscando ao se colocar nesse papel, por exemplo, sentir-se mais próximo de alguém. Você já reparou que, quando alguém entra no "modo ego", as pessoas em volta acabam entrando também? É como se uma dinâmica curiosa tivesse começado: alguém conta sua história de vítima e imediatamente começa o que eu chamo do jogo do "pior eu": "pior eu, que não dormi nada essa noite", "pior eu, que uma vez tomei um chifre do meu noivo", "pior eu, que fui assaltada semana passada". Cada um quer provar que sua história é a mais triste, a mais difícil ou a mais dolorosa.

Perceba que loucura: numa conversa entre egos, "vence" aquele que provar ser o mais ferrado de todos.

Outras "vantagens" que nosso ego busca ao se colocar na posição de vítima são: preservar algum relacionamento, sentir-se mais seguro ou receber amor (na forma de pena) de outras pessoas.

Mas e aí? Depois de observar o ego em ação, o que você pode fazer, já que ele está colado ao corpo humano que você usa para transitar no planeta Terra?

Você precisará trabalhar em todos os níveis: físico, mental, emocional para, a cada novo dia, e a cada novo pequeno incidente do seu ego, se lembrar de que somos todos parte daquela xícara, e não seres totalmente separados e independentes que precisam competir entre si por atenção.

---

Tenho uma aula sobre **Autorresponsabilidade**, com todos os passos para você trabalhar estes pontos. Acesse a área exclusiva de leitores e aproveite!

# SUA MENTE FAZ TUDO O QUE VOCÊ PEDE

Muito se fala por aí sobre *crenças limitantes*, que são apontadas como as inimigas número 1 dos nossos sonhos. Uma crença limitante nada mais é do que um pensamento, como aquele que talvez tenha vindo para você hoje no banho de que "nossa, o sabonete está acabando". A diferença é que a crença limitante é um pensamento que você acredita fortemente ser verdade – na maioria das vezes sem nunca tê-lo questionado – e que... limita suas possibilidades.

Você já se perguntou como nascem as crenças limitantes? Quando somos crianças, e mesmo depois disso, vivemos muitas situações que nos causam emoções com as quais ainda não temos maturidade emocional para lidar. E, como não damos conta daquela emoção, nós a jogamos para baixo do tapete, no processo que a psicologia chama de *supressão* e *repressão*. E um dos resultados desse processo é uma crença limitante (ou mais de uma!).

Como sua mente é uma ótima cumpridora de tarefas, ela sempre vai trabalhar duro para confirmar tudo aquilo em que você acredita. Você vai atrair para a sua vida as pessoas, as circunstâncias e as situações necessárias para provar a crença que você criou ao viver aquela situação cuja emoção você suprimiu e reprimiu.

No exemplo da minha história com meu pai, como aparentemente ele tinha dificuldade em ser afetuoso (e digo "aparentemente" porque vou explicar mais sobre isso quando falar sobre as linguagens do amor), minha interpretação daquilo nos meus primeiros anos de vida, com a capacidade e maturidade emocional que eu tinha lá atrás, se tornou a crença de que *ele não me amava* e de que *eu não era boa o bastante para ser amada*.

E, ainda mais profundo que isso, eu passei a acreditar que ele não me amava porque havia algo de errado *comigo*, porque *eu não era boa o bastante para ser amada*.

A consequência dessa crença foi que, na minha vida adulta, vivi muitos relacionamentos com parceiros que não me amavam, que se aproveitaram de mim de diversas maneiras, que foram tóxicos e abusivos. E isso culminou numa relação de quase dez anos, que juntava todos esses fatores e mais alguns, terminando num divórcio nefasto em que perdi metade de tudo que havia construído por toda uma vida, sofri um assédio moral tão pesado que me impedia de fazer meu trabalho minimamente e causou minha demissão, virando minha vida do avesso.

No momento daquela separação, olhei para o que estava acontecendo na minha vida, pois sabia que ali encontraria informações importantes. Se você quer saber quais são suas crenças, basta perceber o que está lhe acontecendo. A vida nos dá muitos feedbacks, além de refletir nossas crenças para nós.

Tudo o que eu havia vivido até ali na minha vida amorosa tinha doído, e muito, mas comecei a me dar conta de que qualquer um que machuque a gente está na verdade nos dando a oportunidade de entrar em contato com nossa dor original e ver como uma determinada crença está controlando nossa vida.

Ali, comecei a perceber que todas aquelas pessoas que haviam sido péssimos parceiros amorosos mereciam não só meu perdão, mas também minha gratidão.

A filósofa Lise Bourbeau diz que "todos nós cultivamos inúmeras crenças que nos impedem de ser o que desejamos ser". Aqueles parceiros não estavam me rejeitando, abusando de mim ou sendo tóxicos: eles estavam me dando inúmeras oportunidades de enxergar a crença que eu tinha criado (*não sou boa o bastante para ser amada*) e que me impedia de ser quem eu nasci para ser. Eles estavam me mostrando o único caminho para finalmente poder viver meu propósito, ser quem eu era e compartilhar minhas medicinas com o mundo.

---

Assista a este vídeo:

 *3 frases que me ajudaram a escolher a minha vida.*

# O PERDÃO RADICAL
## QUE ATIVA SUAS MEDICINAS

*Perdão é descobrir que o que você pensou*
*que tinha acontecido não aconteceu –*
*que nunca houve nada a perdoar.*
BYRON KATIE

Jesus foi um grande exemplo de como transformar o arquétipo de vítima: foi julgado injustamente, condenado, torturado e pregado a uma cruz para morrer, mas, poderosamente, nos ensinou que não existem vítimas, ao dizer:

"Pai, perdoa-lhes, porque não sabem o que fazem".

Infelizmente, mais de 2 mil anos se passaram e essa mensagem ainda não foi totalmente compreendida pela humanidade. Ou, como o autor Gary Renard diz, "J era capaz de perdoar as pessoas até mesmo quando o estavam matando – enquanto a maioria dos cristãos de hoje não consegue nem mesmo perdoar pessoas que não fizeram nada a eles".

Contudo, o que fazer em vez de julgar e nos colocar no papel de vítima? Primeiro, ignorar nossa percepção terrena e escolher olhar para as situações com nossa consciência amorosa. Ao fazermos isso, entendemos que, do ponto de vista espiritual, qualquer desconforto que a gente sinta em qualquer situação é um sinal de que nos desalinhamos espiritualmente. O desconforto é um sinal de que temos a oportunidade de curar alguma coisa.

Contudo, enquanto você se enxergar como vítima, não conseguirá ver a mensagem ou entender a lição por trás da situação, e isso impedirá sua cura, a ativação das suas medicinas e a possibilidade de compartilhar sua cura com outras pessoas.

Uma das histórias mais emocionantes e das medicinas mais poderosas que conheci desde que comecei a trabalhar com as medicinas humanas foi a da minha cliente Paula Frota, uma jovem de 35 anos que se viu diante do maior medo de todas as mães e, assim, sem se identificar com o arquétipo da vítima, descobriu sua medicina.

### HISTÓRIA DA PAULA FROTA

*Minha doce Julia nasceu no dia 15 de outubro de 2019, mudando por completo minha vida e me transformando em mãe. Na sua consulta de rotina de quatro meses, descobrimos que ela nascera com uma patologia chamada cranioestenose, e que o único tratamento era cirúrgico. Com aquela notícia, meu chão se abriu. Minha bebê, tão frágil e pequena, passaria aos seis meses por uma cirurgia na cabeça... raspariam seus cabelos lindos e rebeldes, e quebrariam sua caixa craniana para corrigir uma sutura que havia nascido colada, dando assim o espaço que seu cérebro astuto precisava para crescer.*

*Rezei muito e pedi a Deus apenas que tudo fosse feito como tinha de ser. Gosto de acreditar que cada um tem* sua história e aquela era a história da minha filha, e, se ela me escolheu, era porque de alguma forma eu tinha a força, a coragem para suportá-la e ampará-la em todo aquele processo.

Os dias passavam e, nesse meio-tempo, a pandemia chegou ao Brasil. Sei que foi um momento muito difícil para milhares de pessoas, mas o confinamento nos deu a oportunidade de convivermos apenas nós três, os três mosqueteiros: Luiz, eu e Julia.

Ela crescia e a cada dia, enquanto ela ficava mais charmosa e esperta, com seus cabelos rebeldes, rindo, balbuciando pela casa, se aproximava a data da cirurgia. Com o cenário da pandemia, os cirurgiões analisavam semana após semana a possibilidade de adiar ou antecipar a cirurgia.

Meu coração, por muitas noites depois da mamada da madrugada, chorou em silêncio. Passava a mão naqueles cabelos pretos e bagunçados de tão lisos e me questionava por que os bebês ainda tão pequenos precisavam passar por algo tão invasivo, e por que mães não poderiam ser munidas com superpoderes de passarem pelos sofrimentos pelos seus filhos.

A cirurgia foi agendada para o dia 10 de abril, Sexta-Feira da Paixão. Passamos a semana inteira correndo com exames, organizando tudo e curtindo ao máximo nossa Julia. Brincávamos, dançávamos, eu a colocava para dormir cantando, sempre com muita calma, paciência e paz. Conversando e explicando tudo para ela.

*Quando ela dormia, depois da mamada da noite, eu ainda permanecia com ela nos braços por mais uns instantes e ficava ali admirando-a, acariciando-a e conversando com ela. Contava tudo que estava por vir, a cirurgia, sobre os médicos, e que ela não precisava se preocupar, pois eu estaria ali o tempo todo, falava que tudo ficaria bem e o quanto eu a amava.*

*No dia 10 de abril, deixei minha filha na mesa de cirurgia, vi ali sua última risada banguela para os médicos, seus últimos sons emitidos ao conversar com a chupeta que ela segurava, antes que a anestesiassem, no meu colo. Cantei baixinho no seu ouvido, sussurrei que a amava, passei a mão nos seus cabelos, que logo seriam raspados. Observei os primeiros procedimentos e, então, saí do centro cirúrgico. Com o coração apertado, que gritava dentro do peito: "tire ela dali e saia correndo, não vamos aguentar ficar tanto tempo separadas!".*

*Seria a primeira vez, depois que descobri que estava grávida, que ficaria mais de uma hora longe do meu bebê. Mas segui firme e confiante, pois ela estava nas mãos de médicos excelentes e era o melhor para ela.*

*Depois de quase três horas de cirurgia, recebemos a primeira notícia: a cirurgia tinha acabado e havia sido um sucesso! Meu coração bateu aliviado, Luiz caiu num choro compulsivo.*

*Uma hora e meia se passou sem mais notícias, enquanto aguardávamos para ver nossa Julia. Os médicos não respondiam nossas tentativas de contato. Até que nos chamaram para o centro cirúrgico novamente.*

Subi feliz e correndo os quatro andares de escada, acreditando que meu bebê havia acordado e me solicitava. Minha saudade do sorriso e do cheiro dela era tamanha que não cabia no peito! Peito esse que já vazava de tanto leite...

Mas, ao chegar, tivemos a notícia.

Ao final da cirurgia, na hora do curativo, Julia havia sofrido uma parada cardiorrespiratória. Apesar de toda a assistência, tinham se passado dezessete minutos entre a parada cardiorrespiratória e a reanimação. Os médicos não sabiam os danos de uma possível falta de oxigenação no cérebro.

Foram mais sete dias de UTI. E foi na UTI que tive as maiores e melhores conversas com minha filha. Conversamos sobre a vida, as emoções e sentimentos como o amor, o perdão, a saudade, a coragem, o respeito e a gratidão. Falei sobre a magnitude e finitude ilusória do tempo e das escolhas, da importância de estar presente e sobre despedidas e a aceitação... Minhas reflexões sobre o apego e nossa capacidade de deixá-la livre para ir.

Ali a segurei no colo, cantei para ela, e pouco a pouco vi minha filha escolher regressar ao céu.

Com todo o meu amor e gratidão por tudo e todos, mas principalmente por ela, por ter me escolhido e ter me dado o privilégio de tê-la conhecido, ter podido cuidar dela e amá-la tão intensamente.

Como mãe, dei-lhe minha bênção e expliquei que estava tudo bem, que ficaríamos bem, eu continuaria sendo mais e melhor por ela e para ela, como sempre. E, que se tivesse chegado o tempo dela, ela poderia ir sem medo, nós (mamãe e papai) entendíamos que aquele era seu tempo e, para nós, só importavam sua felicidade e sua paz.

Então minha filha, meu bebezinho, meu anjo partiu no dia 15 de abril de 2020, dia em que completaria seus seis meses. Entendi, mais uma vez, que as coisas são como são, perfeitas e fluidas.

Por se tratar de morte encefálica, precisamos esperar os procedimentos hospitalares. Durante esse tempo, continuei embalando, cantando e ninando aquele corpinho, onde o coração ainda batia. E ao qual, de alguma forma, meu coração me dizia que Julia ainda estava conectada, já não mais como antes, mas ainda podia ouvir e sentir meus beijos e meu carinho.

Mas, para muito além disso, havia em mim um enorme sentimento de gratidão por aquele corpinho físico. Afinal, se pude conhecê-la, acariciá-la, sentir seu cheiro e carregá-la, havia sido graças àquela matéria tão linda e frágil!

Fomos liberados para desligar os aparelhos no dia 17 de abril. Minha filha partiu definitivamente nos meus braços, às 17h48, ao som da minha voz, cantando suas músicas favoritas, enquanto eu a embalava e abençoava sua nova jornada. Com a promessa de que tudo ficaria bem, que eu seguiria aqui em paz e feliz, pois aceitava de coração sua escolha. E ela poderia seguir feliz e em paz.

O amor e a gratidão que sentia e sinto são tamanhos que realmente foi assim que segui.

*Não foi fácil entrar em casa com os braços vazios e em silêncio, sem o sorriso e o cheiro dela. Contudo, eu me apoiei no amor, no respeito e na gratidão por ter dado suporte a ela e ter estado com ela em todos os momentos desde o dia em que ela habitou meu ser.*

*Os dias seguiram sem sua presença, e, apesar das lágrimas de saudade, de um tempo que agora sobrava e estava vazio, do peito que vazava leite, pois ainda não entendia que o bebê que alimentava já não estava mais ali, havia dentro de mim um amor que transbordava algo inexplicável, tamanha a paz e gratidão que sentia por tudo mesmo. Por cada lembrança dos momentos vividos de forma intensa, por sentir que Julia estava bem e em paz, por cantar para ela baixinho todas as noites, na certeza de que ela ouvia, onde quer que fosse. E de saber que ela estava sim rodeada de amor e luz.*

*Aos poucos, fui arrumando as coisas da minha pequena, desmontando o quarto, ressignificando as roupinhas que guardaria para os meus próximos filhos ou sobrinhos, doando aquilo que já não seria mais necessário neste momento. Ao finalizar, retomei a decisão que havia tomado no hospital, de escrever um livro, contando a trajetória magnífica da minha filha e de como ela mudou minha vida, meus valores e a forma de ver tudo. Como foi me descontruir para adentrar no universo chamado maternidade e como, observando e refletindo sobre a impermanência da minha alma, me ajudou a transbordar o amor incondicional que me sustentou e sustenta nesse processo de luto, de reconstrução, nessa jornada chamada vida.*

*Essa é minha medicina, o amor profundo e completo que transborda em cuidado dentro da impermanência do ser. Desejo que as pessoas conheçam Julia, nossa história de amor e a mensagem de que é possível ser amiga da saudade e com gratidão respeitar a jornada e a impermanência de cada um e das coisas da vida. E, assim, as pessoas possam aceitar e seguir em frente com alegria e leveza, pois eu sou a prova disso!*

*Trago comigo o lema de que sentimentos existem para ser sentidos, que não fomos ensinados a sentir nem a deixar sentir. Não fomos ensinados e orientados a viver de acordo com a impermanência da alma, das ideias, dos momentos, da matéria e das pessoas que amamos. Por isso, decidi me dedicar a auxiliar pessoas por meio do amor, da fé e da consciência, a viverem as situações de luto que a vida nos traz.*

*Sei que a melhor forma de honrar e apoiar Julia na sua jornada é saber que, quanto mais feliz e em paz eu estiver aqui, mais feliz e em paz minha filha estará lá, pois é isso que desejamos para as nossas pessoas favoritas no mundo!*

Uma das perguntas que mais recebo é: "Por que coisas ruins acontecem com pessoas boas?". Já vimos que coisas só podem ser "boas" ou "ruins" no julgamento do nosso ego. Mais que isso, a percepção do nosso ego do que é "bom" ou "ruim" é limitada a esta existência, a este plano e à nossa vida no momento em que a tal coisa está acontecendo.

Mas, como já vimos, há certas medicinas que só são despertadas por perdas, sacrifícios, abusos (físico, mental, emocional, espiritual), vícios, humilhação, luto, abandono, rejeição, culpa, caos, preconceito, escassez/falta.

E, com essas situações, suas medicinas internas têm a possibilidade de aflorar, de vir para a superfície como a flor de lótus. Nem todo mundo nasce com o dom para ser um grande artista, um grande músico, um grande líder social, mas é vivendo essas situações que descobrimos como nos conectar com outras pessoas. É quando compartilhamos essas histórias que alguém nos diz: "Nossa, eu conheço uma pessoa que precisa muito te conhecer! Vocês precisam conversar!", e daí pode nascer uma amizade, uma parceria de trabalho, um casamento, uma cura.

Sua medicina não é a mesma coisa que sua vocação. Quando você a descobre, ou se conecta com ela, não quer dizer que ela deva ou vá virar seu trabalho. Ela é mais como um dom, uma qualidade que permeia e perfuma tudo que você faz, como se fosse sua assinatura energética.

Pode ser que você descubra que sua medicina é uma habilidade de conectar pessoas, ou de ver a verdade (como os adultos índigo), ou de ter um coração aberto (e, não raramente, um coração precisa ser quebrado para se abrir...). Pode ser que sua medicina tenha a ver com conseguir explicar as coisas de forma simples, ou que seja uma facilidade para entender as necessidades alheias (como os empatas), uma compreensão espiritual acima da média, conseguir ver padrões com facilidade e juntar coisas aparentemente diferentes (como muitos multipotenciais), entender como funciona a energia. A lista é infinita.

Entenda, independentemente do trabalho que você escolher fazer, sua medicina está ligada ao seu propósito primário, ela faz parte de quem você é. Por isso, deverá estar presente em tudo o que você faz, seja lá qual for seu trabalho.

\* \* \*

Antes de nascer, definimos nossos objetivos para esta encarnação e, de alma para alma, existe um acordo espiritual para que determinado assunto ou crença seja trabalhado – seja com nossos futuros pais, parceiros amorosos, filhos, pessoas próximas ou importantes na nossa vida.

A partir do momento em que entendemos que todo problema esconde um presente, e que toda situação desafiadora na nossa vida está nos capacitando a usar uma das nossas medicinas, ou mesmo nos ajudando a desenvolver uma *nova* medicina, nosso primeiro passo na direção do perdão é perceber que, por trás do que estamos vendo, existe algo muito mais importante acontecendo. E que este algo – e a vida como um todo – não está acontecendo conosco ou contra nós, mas sim *para nós*.

O livro *Um curso em milagres* diz que o milagre é a mudança de percepção do medo para o amor. Para ajudá-lo a ver de uma nova forma a situação que aconteceu – ou está acontecendo – *para você*, faça um esforço para separar os fatos da ficção. Não caia no erro de pensar que suas interpretações representam uma verdade inquestionável.

A única verdade inquestionável é que existem quase 8 bilhões de verdades caminhando pelo mundo neste momento. Você se lembra de que o ego gosta de contar as coisas da forma que vai conectar mais com outras pessoas, ou seja, interpretando os acontecimentos do ponto de vista da vítima (e às vezes até mudando um detalhezinho aqui ou ali para valorizar mais a história)?

Por isso, sempre gosto de me perguntar: como essa situação apareceria numa notícia de jornal? Isso me ajuda a identificar os fatos e retirar deles minha interpretação.

Você se lembra da minha história com meu pai (e meu avô)? "Pai lê jornal enquanto a filha brinca perto dos seus pés" é muito diferente de "pai ignora a filha porque não a ama o bastante para largar o jornal e lhe dar um abraço".

A chave para a cura é a disposição para ver as coisas de um jeito diferente. Ao fazer isso, você abre mão do controle e o entrega ao universo ou Deus.

E, se você realmente conseguir entregar a situação nas mãos do Criador e confiar que tudo será curado, acredite, o Criador vai cuidar tanto da situação quanto da sua cura.

O segundo passo importante, ao identificar qual é a emoção que vem à tona com a situação incômoda, é aceitar essa emoção e se permitir chorar o que precisar ser chorado.

Depois disso, você não precisa fazer mais nada em especial. Quando você muda sua percepção, as coisas automaticamente vão mudar, porque aconteceu uma mudança de percepção, de energia.

Você se abriu para a possibilidade de que nada errado aconteceu e que, por isso, não há nada a ser perdoado. Esse é o conceito de *perdão radical* que aprendi com Colin Tipping, um renomado professor britânico e autor de muitos livros.

Como explica Tipping, o perdão tradicional parte da conclusão de que alguém fez algo de errado ou ruim para você (julgamento), e você será superior (ego) e deixará isso para trás (perdão). Ou seja, ele parte do pressuposto de que uma coisa errada aconteceu, existe um culpado que foi condenado e você o está perdoando.

Nesse perdão, que é o tradicional perdão que eu mesma aprendi na minha educação católica, existe uma disposição para perdoar, mas também uma necessidade residual de condenar e de se colocar como superior, mais puro e mais bondoso do que aquele que "errou". O perdão tradicional pressupõe que quem perdoa é a vítima – e o perdoado é o algoz.

No perdão radical não existe essa necessidade de condenar, e, com isso, abandonamos o arquétipo de vítima, e então tudo muda: nada de errado aconteceu e não existem vítimas em nenhuma situação.

Vale dizer que o perdão radical não exime ninguém da responsabilidade neste mundo, claro. Somos seres espirituais numa jornada espiritual, mas encarnados num corpo físico e com um CPF aqui na matéria. Se machucamos alguém, teremos de aceitar que, aqui neste plano, existem consequências para esse ato. Pessoas podem ir para a cadeia, levar multas, ser condenadas e isso tudo faz parte da lição e está perfeito dentro do contexto espiritual.

Assista a este vídeo:

 *Por que coisas ruins acontecem com pessoas boas.*

# AUTORRESPONSABILIDADE, AUTOPERDÃO E SUAS MEDICINAS

*Aonde quer que você vá, é você que está lá.*
JON KABAT-ZINN

Certa vez, li a frase "aonde quer que você vá, é você que está lá". Desde então, fiquei muito mais atenta quando uma cliente chega reclamando de todos os seus empregos que foram horríveis, com chefes que foram grandes filhos da mãe, ou de todos os seus casamentos que fracassaram com maridos que foram infiéis, ou de todas as suas amizades que terminaram porque as amigas eram fofoqueiras.

Quando em todas, absolutamente todas as suas relações você tem problemas – ou algum tipo de problema específico –, lá vem uma verdade nada gostosinha: o único ponto em comum nessas histórias todas... é você.

O que fazer quando percebemos que o grande vilão do nosso passado fomos nós mesmos? Seja criando situações que se repetiram de novo e de novo e de novo – enquanto estávamos presos no arquétipo da vítima –, seja quando deixamos nossas crenças limitantes estarem à frente das nossas escolhas importantes, ou seja, quando nós mesmas pisamos na bola com pessoas que amávamos, que confiavam na gente, que contavam com nossa presença e apoio, certamente existem histórias dentro de nós que causam arrepios e que preferimos jogar para baixo do tapete, porque nos fazem sentir imensa... culpa.

Nesses momentos, também devemos aplicar o perdão radical, no caso o autoperdão radical, para podermos descobrir e ativar nossas medicinas. Como escreveu o autor Gary Renard, "você salva o mundo se concentrando nas suas próprias lições de perdão".

A história da Fabíola Nenevê é perfeita para mostrar como más escolhas podem criar situações terríveis e imensa culpa, mas também podem ser o berço de medicinas essenciais para a humanidade.

### HISTÓRIA DA FABÍOLA NENEVÊ

*Comecei a usar drogas ilícitas de forma abusiva depois de perder, aos 19 anos, meu bebê. Fiquei dependente a ponto de precisar usá-las diariamente. Mas acabei encontrando um amor que me ajudou a sair desse lugar.*

*Porém, não foi por muito tempo. Continuei usando drogas de forma recreativa e, volta e meia, eu me via de novo no fundo do poço. Conseguia sair com certa facilidade, sempre me enganando e achando que era superpoderosa e que isso não ia me derrubar.*

*Alguns relacionamentos abusivos e um novo amor depois, acabei caindo no crack. No início era com a intenção de me "enturmar" e fazer com que meu parceiro saísse do vício. Eu queria mostrar a ele que era* possível fazer uso esporádico, sem permitir que aquilo destruísse totalmente a vida.

Eu subestimei o poder da "pedra" e, em menos de um ano, eu estava usando diariamente. Só parava durante o horário comercial, pois precisava trabalhar, já que era eu quem sustentava a casa e nosso vício. Chegava em casa, passava a noite toda fumando e, pela manhã, passava um café, tomava um banho e voltava ao trabalho. Às vezes eu conseguia ficar um fim de semana ou uns três dias sem usar. Mas, logo em seguida, alguma merda acontecia – um pertence meu que eu descobria que tinha sido vendido a preço de banana, uma briga por conta do ciúme doentio que ele tinha de mim – e logo eu voltava para o amorteci- mento que a droga traz.

Depois de um ano nessa vida, ele melhorou, por uns dias, e eu fiquei firme. E tão esperançosa a ponto de planejar a vinda do meu filho. Minha menina, do primeiro casamento, já estava mocinha e eu queria muito perpetuar o amor que sentia com um bebê. Fi- quei grávida. Porém, meu parceiro já tinha recaído, e eu fui junto.

Lembro-me de chorar muito por saber que estava fazendo mal ao meu corpo e ao do meu bebê também, mas a droga era muito mais forte do que eu. E, mesmo fazendo um esforço enorme, eu não conseguia ficar mais do que dois ou três dias sem usar. Nessa época, eu escrevi para a Paula. Eu tinha retomado a leitura dos conteúdos que ela disponibilizava. Mandei um e-mail *para ela, pedindo auxílio. Mas não tive coragem de dizer exatamente qual era meu problema. E as coisas em casa foram piorando. Acabei não conseguindo fazer o programa da Paula, mas continuei lendo tudo o que ela produzia, e sei que foi isso que, aos poucos, foi me dando a força necessária.*

*Quando meu bebê nasceu, pequenininho mas saudável, eu me comprometi a parar. Eu me segurei muito nos primeiros dias para não recair e acabei indo para a casa do meu pai, para ter um suporte – apesar de ele não saber que eu usava drogas. Eu me sentia protegida na casa dele.*

*Mas ele não conseguiu suportar nossa presença. O pai do bebê tinha surtos por conta da abstinência. O bebê chorava muito. Imagino que também estava limpando seu corpo. E acabamos voltando para casa quando o pequeno completou dois meses. E, como eu já imaginava, meu companheiro não conseguiu se segurar e logo estava trazendo drogas para casa. Eu já tinha lido tanto sobre o assunto, buscado ajuda em diversos lugares, mas não me sentia acolhida em lugar algum. E nem tinha forças para auxiliar o pai do meu filho. Eu não poderia curar ninguém se não estivesse curada. Acabei recaindo novamente e foram mais três meses de uso. Num grau muito menor do que antes, mas, ainda assim, quase diariamente.*

*A essa altura, minha filha já tinha desistido de viver conosco... foi para a casa do pai dela, e aquilo me matou um pouco.*

Quando tive de voltar ao trabalho, depois da licença--maternidade, logo na primeira semana fui obrigada a deixar o bebê com o pai. Ah! Eu sabia, minha intuição tinha me avisado, mas não dei ouvidos. No meio da manhã ele me liga, dizendo que estava no posto de saúde com o bebê, pois ele não acordava. Que teve de chacoalhá-lo para que reagisse. E aquilo foi a segunda punhalada... eu não poderia correr o risco de perder mais um filho. E, nesse pavor, dentro desse medo profundo, eu consegui gerar a força necessária para sair do fundo do poço e nunca mais voltar para lá.

Depois desse dia, eu não usei mais crack ou outra droga ilícita. Tive o que as pessoas chamam de lapso, uns dois meses depois disso, mas foi só. Eu não voltei mais para o fundo do poço.

Acabei me separando do pai do meu filho, pois não tinha como ficar bem se meu companheiro trazia o mal pra dentro da nossa casa. Ele acabou indo para uma casa de recuperação e ficou bem, por seis meses. Eu até dei uma nova chance a ele. Mas nosso relacionamento já tinha acabado e ele acabou recaindo. E eu não poderia conviver com a droga novamente.

Depois disso, passaram-se dois anos, onde eu me senti a própria lagarta... incubando, me conhecendo e estudando sobre o assunto. E, quando chegamos ao fim de 2018, recebo um convite da Paula para me inscrever na Certificação de Coaches Escolha Sua Vida. Era o pontapé que eu precisava para pôr no mundo minha medicina.

*Eu passei por um processo de autoconhecimento profundo nesse período. E quando cheguei à certificação, eu já estava com tudo pronto na cabeça. Eu queria auxiliar as pessoas que vivem essa realidade a criarem um ambiente curativo e motivador. E também auxiliar mulheres que, como eu, não têm forças para sair do fundo do poço.*

*Hoje, eu faço um trabalho de mentoria para mulheres e tenho um grupo de suporte online, onde todas se ajudam mutuamente. Onde nos sentimos acolhidas e podemos nos expor sem cobranças ou julgamentos. Também trabalho com workshops para familiares de usuários, a fim de que possam auxiliar no processo dos seus filhos, filhas e parceiros. Estou escrevendo um livro no qual conto tudo o que passei e compartilho meu processo de cura e de escolha da NOVA VIDA.*

*Costumo dizer que eu não virei uma página do livro da vida. Estou escrevendo um novo livro. E quero muito poder ser o canal para que outras pessoas possam também VIVER.*

Já sabemos que tudo deve ser perdoado porque nada de errado realmente aconteceu. Tudo foi necessário para desabrochar e revelar sua medicina, cada pessoa só será capaz de ativar e se apropriar das suas medicinas quando perdoar o passado. Isso inclui, também, todas as suas escolhas que te trouxeram até aqui. Por mais que, aos olhos do seu ego, possam parecer escolhas "erradas" pelas quais ele quer que você sinta culpa.

Tenho uma aula sobre **Perdão radical** e vou compartilhar com você. Acesse a área exclusiva de leitores e aproveite!

# NÃO HÁ HIERARQUIA ENTRE AS MEDICINAS HUMANAS

Todas as medicinas humanas têm igual importância. Todas as medicinas, assim como todas as pessoas, são especiais e únicas. Como dizia o mestre zen Osho, "não houve nenhuma pessoa como você antes, e nunca haverá uma pessoa como você novamente".

Você é o único pedaço daquela xícara que tem o formato específico que você tem. E, se chamarmos aquela xícara de Deus, podemos dizer que Deus adotou a *sua* forma pela primeira e última vez.

Deus nunca criou medicinas comuns, mas apenas medicinas extraordinárias. E a única pessoa que recebeu sua combinação de medicinas é você. Mas o fato de suas medicinas serem especiais não significa que elas sejam mais especiais do que as de ninguém.

O livro *Um curso em milagres* de Helen Shucman diz que todos os filhos de Deus têm poder. A autora Marianne Williamson explica que "ninguém tem mais potencial que ninguém para espalhar o amor e a luz de Deus".

Quero compartilhar com você mais uma medicina, a da minha cliente Daniella Siciliano.

*Em 2018, um problema de saúde mudou completamente minha vida. Poderia ter sido só um período ruim que iria passar e aos poucos tudo voltaria ao normal, mas não foi isso que aconteceu. Comecei a passar mal durante a madrugada e, pela manhã, meu marido me levou para o hospital. Poucas horas depois, precisei ser intubada e permaneci sedada por quinze dias na UTI.*

*Os dois primeiros dias foram muito críticos e os próprios médicos não acreditavam que eu sobreviveria. Ninguém sabia ao certo ainda o que eu tinha, e o principal objetivo naquele momento era me estabilizar. Toda a minha família estava perplexa: como uma pessoa tão saudável, amante de atividade física, poderia estar agora numa cama lutando pela vida? Como pode alguém dormir bem e no dia seguinte quase morrer?*

*Um mês depois de dar entrada no hospital, eu consegui ser transferida para a semi-intensiva. Eu ainda não conseguia me mexer direito, estava traqueostomizada e por isso não conseguia falar. Contudo, o que realmente importava naquele momento era poder estar mais perto da minha família, do meu marido e dos meus filhos, a Eduarda, de 14 anos, e o Antônio, de 4. Meu pai e meu irmão acompanhavam tudo de perto porque são médicos e o meu estado de saúde ainda era muito delicado. Minha mãe passava todos os dias comigo, pois era a única que não trabalhava. Minha irmã e meu marido se revezavam de madrugada para ficar* comigo. Não consigo imaginar o sofrimento de todos eles por quase terem me perdido.

Depois de alguns exames, descobriram que eu tive uma desordem sistêmica autoimune. Alguma infecção foi o gatilho para ativar uma doença autoimune que me acompanhava desde bebê, a artrite reumatoide e a Síndrome de Sjögren. Essa tempestade inflamatória desencadeou outras duas doenças autoimunes, o lúpus e a SAF. Essa última é uma doença que causa trombose arterial e venosa.

Meu corpo estava implodindo, mas eu não aceitava esse destino. Eu estava determinada a viver e não só sobreviver. Eu queria minha vida de volta e nada ia me impedir. Está certo que todas essas doenças autoimunes juntas eram um grande desafio, mas nada como um dia após o outro. O maior desafio real era controlar minha ansiedade.

Além da insuficiência respiratória e renal, que me obrigavam a utilizar o ventilador pulmonar e a fazer hemodiálise várias horas por dia, eu estava com as extremidades muito machucadas, necessitando de curativos diariamente. Eu ainda não tinha noção do que estava por vir, mas minha irmã rezava todos os dias para que eu não ficasse dependente da hemodiálise para o resto da vida.

Enquanto isso, eu passava as tardes fazendo fisioterapia, primeiro para conseguir respirar sem o uso dos aparelhos e, depois, para poder voltar a me movimentar. Meus músculos ficaram tão fracos que eu *não conseguia levantar os braços nem para chamar a enfermeira. Imagine não poder falar nem me mexer, como faria para me comunicar?*

*Minha mãe passava o dia todo comigo até chegar alguém no final do dia para substituí-la. E, como eu não conseguia falar nem me mexer, eu precisava dela para interpretar o que eu queria com o uso da leitura de lábios. Não preciso nem contar que não dava certo, né? Ela ficava supernervosa e, toda vez que eu queria falar alguma coisa, ela começava a tentar adivinhar. Mas aquilo não era um jogo de adivinhação e, mesmo que fosse, ela era péssima em adivinhação. Depois de várias tentativas para descobrir o que eu estava tentando dizer, ela se desesperava e saía do quarto, agarrava a primeira pessoa que passasse pelo corredor e punha na minha frente para que ela traduzisse o que eu queria. Todo mundo entendia, menos ela. E, depois, a gente caía na gargalhada. Acumulamos muitos momentos maravilhosos e inesquecíveis no hospital. Pelo menos é assim que eu vejo, mas ela não.*

*Minha mãe ficou muito traumatizada com tudo que aconteceu, e é por isso que eu acredito quando as pessoas dizem que eu sou incrível, sem modéstia. As pessoas encaram os acontecimentos de formas muito diferentes e, sem dúvida alguma, eu encarei tudo que aconteceu comigo com muita leveza, ao contrário da minha mãe, que até hoje não consegue falar sobre a época do hospital. Eu acredito muito que tudo depende da forma como você enxerga e de* como você planeja passar pelas coisas que acontecem na sua vida.

Quando eu estava na semi-intensiva, os curativos nos pés e nas mãos continuavam todos os dias. Eles ficavam sempre enfaixados. Um dia, durante a troca de curativo, eu olhei para os meus pés e vi que eles estavam pretos e duros. O direito estava completamente preto até o início da canela e o outro estava preto nos dedos e no calcanhar. Fiquei olhando e acompanhando todo o processo do curativo. Quando acabou, eu passei um bom tempo olhando através da janela. Depois, minha mãe e eu começamos a chorar. Naquele momento, a ficha caiu: eu teria de amputar meus pés. Choramos bastante... depois acabei pegando no sono.

No dia seguinte, pedi para falar com a cirurgiã vascular. Quando ela chegou, eu perguntei a ela como seriam as amputações. Ela tomou um susto e começou a me explicar, sem me esconder nada. No final, eu disse que queria fazer a cirurgia o quanto antes. Eu já tinha aceitado aquela nova condição e tinha pressa para me reabilitar e voltar a andar.

Isso é só um exemplo de como eu lidei com tudo que aconteceu comigo desde o primeiro dia da minha internação. Foram muitos acontecimentos que eu tive de encarar durante um ano e meio. Foram três internações, totalizando oito meses de hospital. Minhas novas doenças e minha nova condição física não me paralisaram e nunca me desanimaram. Sempre aceitei e lidei muito bem com todas as condições de saúde, ou a *falta dela, que me foram impostas. Sempre encarei de frente, sem medo!*

*Eu aceitei, mas não me acomodei.*

*Já que eu tinha me saído muito bem com tudo que tinha acontecido, o universo resolveu me testar de novo e, desta vez, eu fui parar no quartinho escuro do fundo do poço. Eu tinha voltado para casa e ainda estava me adaptando à nova rotina, quando meu marido entregou os pontos e foi embora.*

*Ele não tinha administrado tudo tão bem quanto eu. Depois de quase quinze anos de união, nosso casamento não resistiu. Nesse momento, eu desmoronei. Não conseguia administrar a decepção e a tristeza que eu estava sentindo. Resolvi viver o luto e a amputação parcial do meu pé esquerdo infeccionou. Precisei passar por mais duas internações de dois meses para me recuperar. Fui obrigada a lidar com minha ansiedade presa numa cama de hospital, dependendo das pessoas para fazer tudo.*

*Eu estava extremamente vulnerável e, mais uma vez, precisei passar pelo processo de aceitação. Não posso controlar o que as outras pessoas fazem comigo, mas posso decidir o que vou fazer diante do que as outras pessoas fazem comigo. E eu decidi que era hora de focar minhas energias em voltar a andar. E, no mesmo dia que coloquei a prótese, comecei a andar. Foi fácil, sem dor e totalmente diferente de tudo que as pessoas falavam. Eu achei que fosse ficar um bom tempo ainda de muletas, mas nem precisei. Eu me preparei física e emocionalmente para o pior e foi tudo perfeito, porque minha vontade era maior do que qualquer obstáculo!*

*Todo esse processo foi longo, mas muito natural para mim. É como se eu já estivesse pronta para passar por tudo que passei. E toda vez que alguém me dizia que eu era um exemplo de motivação, uma inspiração, eu achava um exagero, porque para mim era tão óbvio, eu não saberia agir de outra forma. Foi quando descobri que essa era minha medicina. Meu propósito é ajudar, motivar e inspirar pessoas a passarem por situações difíceis. Dividir as lições que aprendi durante meu processo.*

*Aprendi que o tempo realmente cura tudo, mas você precisa querer curar. Aprendi que sem paciência e fé o processo fica muito mais difícil. Aprendi a ver que sempre há um lado bom em tudo que acontece, que poder recomeçar é uma dádiva.*

A esta altura, quase posso ouvir a voz do seu ego pensando "ah, mas a medicina da Daniella é melhor do que a minha, porque ela perdeu uma perna!" ou "a medicina da Paula Frota é muito mais poderosa do que a minha, porque ela superou a morte da única filha dela" ou, ainda, que "a medicina da Fabíola é mais transformadora do que a minha porque, nossa, ela venceu a luta contra o *crack*".

São só formas atualizadas das historinhas que eu constantemente ouço da minha audiência: "Até que eu queria muito fazer o que eu nasci para fazer, mas a Fulana é tão mais experiente/ inteligente/ bonita/ popular/ carismática/ comunicativa que eu...".

Você também tem esse *bug* da inferioridade no seu sistema operacional? Bem-vindo ao clube! Você se lembra do que falamos do ego? Ele só consegue definir quem você é a partir de estímulos externos, comparações, julgamentos.

Mas, se você está lendo este livro, acredito que em algum nível somos parecidos e, provavelmente, você já tomou ou em algum momento vai tomar a decisão de que, com *bug* ou sem *bug*, você *vai* fazer o trabalho que ama e nasceu para fazer, e vai compartilhar suas medicinas com o mundo.

Porque não vale a pena viver se não for assim – e morrer não é uma opção, porque você está cheio de coisas para fazer e filhos para criar. Quando você tomar essa decisão, vai precisar desbugar: desembolar as historinhas, entender qual é a crença que está te prendendo a essa visão menor de quem você realmente é e tudo de incrível que só você pode entregar para o mundo.

Porque, afinal de contas, apenas *você* nasceu na sua família, com suas características pessoais (e os elementos predominantes na sua constituição energética). Só você viveu o conjunto de experiências que viveu, incluindo as "boas" e as "más".

Eckhart Tolle ensina que, "na forma, somos e seremos sempre inferiores a algumas pessoas e superiores a outras. Na essência, não somos inferiores nem superiores a ninguém". O ego pira.

Vimos que as medicinas humanas podem surgir tanto do amor quanto do sofrimento, das perdas, dos traumas, do abuso. Por isso, é importante deixar claro que nenhuma medicina é melhor ou pior do que a outra. Assim como nenhuma é mais ou menos importante do que a outra. Não existe hierarquia entre as medicinas.

Não importa se sua medicina nasceu do amor ou do trauma: para cada enfermidade do corpo, da mente, das emoções ou do espírito, é indicada uma medicina. De nada adianta a cura do câncer quando estamos sofrendo de cólica ou dor de cabeça. Assim como os remédios na medicina tradicional, todos temos um papel na cura de outras pessoas e do planeta.

Sempre que bater a sensação de inferioridade, busque identificar de onde vêm os pensamentos e as histórias que te fazem se sentir dessa forma. Investigue o que é verdade e o que é seu ego floreando fatos. Lembre-se de que essas histórias também fazem parte da criatura única que você é. E se liberte disso.

---

**Assista a este vídeo:**

 *Qual é o seu lugar no mundo?*

# A CURA DA HUMANIDADE
# ESTÁ NA PRÓPRIA HUMANIDADE

*O tema central do universo é a inter-relação.*
*Todas as formas de vida estão interligadas e*
*dependem umas das outras para o seu bem-estar.*
CHAR MCKEE

Na Natureza, todos os reinos cooperam, não apenas o reino vegetal. Quando um pássaro come um fruto, a semente cai no solo. Animais selvagens que por ali passam pisam naquela semente, enterrando-a. Outros animais adubam o solo. As raízes das árvores retêm a água da chuva e formam as ribeiras. Os animais podem se refugiar na sombra dessas árvores e podem beber a água da ribeira. Nessa mesma árvore, pássaros farão seus ninhos, e outros animais pequenos farão suas tocas junto às raízes. Quando a árvore florescer, as abelhas virão polinizar as flores e, ao mesmo tempo, extrair seu néctar.

Como explica Mellie Uyldert, "os vários reinos devem se manter em contato. Homem, animal, planta e pedra, nuvem e vento, Sol, Lua e estrela, todos precisam de todos e todos se ajudam mutuamente".

Mais do que isso, Uyldert explica que, em cada ponto da Terra, certas substâncias se relacionam de determinada forma. A partir dessa relação, uma determinada vibração é produzida e tanto plantas quanto animais e pessoas são atraídos para determinados lugares de acordo com essa vibração.

Para a autora, "o que cresce no seu jardim está relacionado com você", e "as pessoas são atraídas para o lugar onde elas devem ficar, embora encontrem argumentos racionais para justificar por que moram lá".

Nos estudos das plantas e seu relacionamento esotérico com o homem, foi percebido que, se uma pessoa estiver desenvolvendo uma doença, mas ainda não a percebeu, a erva que seria recomendável para tratar aquela mesma doença começa espontaneamente a germinar no quintal da pessoa.

Uyldert cita um exemplo acontecido na Holanda: numa terra aparentemente infértil em volta de um asilo, apareceu um pé de calêndula. Essa planta não é muito comum na Holanda. Contudo, mais surpreendente do que isso: três dos velhinhos que foram morar nesse abrigo tinham câncer – e hoje é sabido que a calêndula tem propriedades que ajudam no combate ao câncer, e ela já é usada como remédio tradicional para a doença.

Infelizmente, isso não era sabido na época. Aos poucos, os velhinhos foram morrendo e, depois que o último deles se foi, a calêndula deixou de aparecer na terra.

Você já reparou que isso também acontece na nossa vida com as pessoas? Que amigos com características específicas aparecem em momentos da vida em que mais precisamos deles e, algumas vezes, desaparecem depois que nosso momento de crise se vai? O autor norte-americano e meu mentor Brendon Burchard diz que "o universo provavelmente pôs cada um dos seus amigos no seu caminho por motivos conhecidos ou não".

Deus não tem braços nem pernas a não ser os nossos, então só pode nos enviar as medicinas de que precisamos nos aproximando das pessoas que possuem tais medicinas. Da mesma forma, Deus também nos aproxima das pessoas que precisam das nossas medicinas.

Crescemos e aprendemos por meio dos nossos relacionamentos. É nas nossas interações uns com os outros que nos curamos e voltamos à nossa inteireza, integridade. Precisamos que outras pessoas espelhem para a gente nossas percepções equivocadas e nossas projeções, e que nos ajudem a trazer todo o material reprimido à tona para ser curado.

De acordo com a lei da Ressonância, atraímos para nossa vida as pessoas que ressoam com os assuntos que precisamos trabalhar e curar. Por exemplo, se você traz uma ferida causada por abandono, sua tendência será atrair para a sua vida pessoas que vão abandoná-lo. O papel delas é fazer coisas na sua vida que façam o abandono que já existe dentro de você vir à tona, para que você tenha a oportunidade de olhar para essa emoção, aceitá-la e à situação que "a causou", senti-la e curá-la. Essas pessoas são seus mestres.

Esta é nossa missão na nossa experiência na matéria: experimentar emoções, permitirmos nos sentir (sem jogar para baixo do tapete!) e depois transformar essa energia por meio do amor.

Assim, o perdão radical proposto por Colin Tipping nada mais é do que mudar a nossa perspectiva para a possibilidade de que nossa alma esteja fazendo uma "dança" combinada, coreografada com a alma da outra pessoa que nos machucou. Com isso, a gente se abre para a ideia de que nada errado aconteceu e que, na verdade, não há nada para ser perdoado.

A consequência disso tudo é que a cura da humanidade está na própria humanidade. No contato, nas relações, na troca dessas medicinas.

---

Assista a este vídeo:

 *Caminho do AMOR e caminho do MEDO.*

# A TORRE DE BABEL DO AMOR

*As pessoas falam diferentes linguagens do amor.*
GARY CHAPMAN

Curiosamente, embora a cura da humanidade esteja na própria humanidade, nem sempre é fácil se relacionar.

Certa vez, numa sessão em grupo, fiquei surpresa com a quantidade de alunas que reportaram uma mesma queixa: pais que, mesmo estando presentes, foram "ausentes" de alguma forma. Eu já vinha há muitos anos trabalhando internamente a mesma questão, pois, como compartilhei aqui, meu pai (que sempre esteve fisicamente presente na minha vida) nunca foi de dar abraço, beijo, ou de dizer que amava.

E eu passei muitos anos me ressentindo disso, me comportando como se receber afeto, abraço, beijo, tudo isso fosse um direito inato meu. Como não recebia, eu me vitimizava e culpava essa história por um monte de problemas meus – dentre eles meus muitos relacionamentos tóxicos e abusivos.

Tudo começou a mudar muito quando eu entendi que cada pessoa dá e recebe amor de formas diferentes, como explica o pastor e antropólogo Gary Chapman no livro *As cinco linguagens do amor.*

Chapman afirma que "as pessoas falam diferentes linguagens do amor". A sua linguagem emocional do amor pode ser tão diferente daquela de pessoas com quem você se relaciona porque, por mais que você se esforce para expressar seu amor na sua linguagem, a outra pessoa não consegue entender e vice-versa.

Na opinião de Chapman, existem cinco linguagens emocionais do amor, ou seja, cinco maneiras de as pessoas expressarem e entenderem que estão recebendo amor. E, como a maior parte das pessoas não faz a menor ideia disso, vivemos numa grande Torre de Babel emocional, onde cada um segue falando sua linguagem do amor e ficando totalmente confuso quando a outra pessoa não entende – e por isso não sente estar recebendo – o amor que estamos expressando.

As cinco linguagens são: palavras de afirmação (dizer palavras que edificam a pessoa), tempo de qualidade (dar atenção completa a alguém), presentes (oferecer símbolos visuais do amor), atos de serviço (fazer coisas para a pessoa) e toque físico (beijar, abraçar, fazer carinho).

Eu já conhecia as cinco linguagens do amor, mas foi somente no dia dessa sessão em grupo que me permiti perceber que meu pai, que nunca abraçava, dava beijo (toque físico) ou falava que me amava (palavras de afirmação), *todo santo dia* chegava do trabalho com um pacotinho de bala, amendoim, alguma coisa que ele tinha lembrado de comprar, ao longo do dia, pra agradar os filhos de noite (presentes!).

VOCÊ É O ÚNICO PEDAÇO DAQUELA XÍCARA QUE TEM O FORMATO ESPECÍFICO QUE VOCÊ TEM. E, SE CHAMARMOS AQUELA XÍCARA DE DEUS, PODEMOS DIZER QUE DEUS ADOTOU A SUA FORMA PELA PRIMEIRA E ÚLTIMA VEZ.

E como presentes não eram uma linguagem de amor minha, como eu não entendia o "receber presentes/coisas" como manifestação de amor, perdi a oportunidade de enxergar o amor que meu pai diariamente me deu por muitos e muitos anos. Não é que meu pai, que não havia recebido presentes do pai dele – pelo contrário, havia lhe tirado o pouco que tinha –, conseguira fazer também sua alquimia interna? Mas, durante meus 32 anos de vida até sua morte, não fui capaz de enxergar isso. Eu estava focada na escassez, no que estava faltando: palavras, toque físico.

Muitas mulheres tiveram insights poderosos semelhantes naquele dia, e perceberam como esse foco na escassez de amor vinha reverberando também na sua vida financeira, criando escassez de recursos e até mesmo de dinheiro.

Hoje eu sei o quanto meu pai me amava. Ele faleceu em 2009 e, hoje, me sinto mais próxima dele do que nunca.

No dia seguinte a essa sessão, meu marido me trouxe flores da rua, sem ser nenhuma "data especial", e aqueceu meu coração me sentir amada, mesmo sem palavras (não havia cartão, o que normalmente renderia uma bronca).

A partir de hoje, desperte para enxergar o amor e suas diferentes manifestações, e se permita dar e receber cada dia um pouco mais. Isso permitirá que você dê e receba cada vez mais as medicinas humanas.

Assista a este vídeo:

 *Ciclo de gratidão.*

# SUA MEDICINA É INVISÍVEL PARA VOCÊ

Por ser algo que você faz naturalmente, que faz parte de quem você é, é possível e até mesmo provável que sua medicina seja invisível para você. E, por isso mesmo, também é muito possível que você esteja lendo isso tudo e se perguntando: "Será que eu não tenho nenhuma medicina?".

Mas, a esta altura, você já sabe que isso não é possível, já que você faz parte da natureza e, nela, tudo tem uma medicina. Com você não poderia ser diferente.

Mesmo quando você começar a desconfiar de que algo específico possa ser sua medicina – ou quando alguém apontar isso para você –, é provável que, ainda assim, você não consiga acreditar que essa seja sua medicina. Como dizia o mestre indiano Osho, "o simples não é atraente para o ego". E, como tudo na natureza, as medicinas humanas são muito, muito simples.

Para demonstrar isso, quero compartilhar com você a medicina da minha cliente Luciene Oliveira.

### HISTÓRIA DA LUCIENE OLIVEIRA

*Quando eu ouvi o termo "sua medicina" pela primeira vez, pareceu-me um tanto quanto místico demais e, apesar de gostar muito desses assuntos, eu não era ninguém na fila desse pão em específico! Não era* curadora, não tinha nenhum talento espiritual, eu sequer me achava alguém espiritualizada. Na verdade, eu estava em busca dessa sensação de paz, de equilíbrio, daquela imagem zen que ilustrava minhas visões de pessoa em plenitude espiritual!

Confesso que ouvir e ver tantas pessoas dando seus depoimentos grandiosos de poderes incríveis, e eu não ter nada a dizer, me deixava bem frustrada, me fazia me reduzir à minha pequena insignificância de mera espectadora da vida, sem nada a contribuir. E esse incômodo ecoou aqui dentro por muito tempo. Eu pensava: "Será que devo buscar alguma prática, alguma técnica que possa me fazer entrar para esse time? Será que eu realmente não tenho papel nenhum aqui na Terra? Será que eu não tenho nada a oferecer, nenhum grande chamado a responder?". Nenhuma das minhas muitas reflexões me trouxe uma resposta satisfatória.

Eis que, no Natal, minha filha de 3 anos ganhou uma bicicleta do Papai Noel. Na sua primeira volta, ela caiu e nunca mais quis tentar novas pedaladas. Deixei a bike guardada por um tempo, ela me disse que só andaria de novo se tivesse os equipamentos (capacete, cotoveleira, joelheira etc.). No início, o pai dela e eu achávamos que logo ela esqueceria o tombo e se interessaria novamente pela bicicleta, portanto não compramos nenhum kit de superproteção. Mas ela insistia no pedido. Eu cedi, os equipamentos chegaram pelos correios, ela ficou super feliz, vestiu-se toda e lá fomos nós pelas ruas do condomínio dar as primeiras pedaladas.

Por ironia do destino, na primeira volta ela caiu de novo, chorou e disse que não andaria mais. O pai dela, na tentativa de incentivá-la, disse que se ela não andasse iria vender a bicicleta e devolver os equipamentos todos, que nada disso adiantaria se ela não se esforçasse, e voltou para casa. Ficamos, ela e eu, sentadas no meio-fio, em silêncio.

Eu não queria que ela desistisse. Eu sabia que, se ela tentasse mais uma vez, logo pegaria gosto. Então me levantei, estendi a mão para ela e disse: "Filha, eu confio em você, eu sei que você vai conseguir. Não significa que você não vá cair de novo, mas se você parar de tentar, nunca vai aprender a pedalar. Vamos tentar mais uma vez? Eu vou do seu lado, vou te segurar, vamos juntas?". Ela ergueu os olhos, segurou minha mão e, para a minha felicidade, subiu na bicicleta.

A cada pedalada, eu dizia mais palavras de encorajamento, de apoio, ia torcendo por ela, vibrando a cada metro conquistado. Até que ela quis descansar e, ao frear, ela caiu de novo. Ela olhou para mim, tirou o capacete e disse: "Não adianta, mamãe, o papai está certo, é melhor vender essa bike, eu não vou conseguir".

Eu a segurei pela mão, levei-a até o meio da rua e pedi que ela olhasse todo o caminho que ela havia percorrido. "Filha, olhe o tanto que você andou, olhe *como você foi longe! Hoje é só o primeiro dia, ainda vamos fazer isso muitas vezes, eu vou continuar do seu lado e não vou deixar você desistir!". Ela me abraçou e disse: "Mamãe, obrigada, você curou meu coração!".*

*Nesse dia, tive um estalo! Revi diversos outros momentos em que essa atitude tinha se repetido, não só com ela, mas com muitas outras pessoas. Ali, eu descobri minha medicina: sou uma apoiadora, sou alguém que torce tanto pelo sonho do outro que se mantém ali ao lado e que tenta não deixar que pequenas quedas o façam desistir dos seus trajetos!*

*Entendi que ter uma medicina é muito mais simples e natural do que eu imaginava, e que a cura pode vir de um simples "Vamos juntas! Eu sei que você consegue! Eu vou com você!".*

Usando as palavras da filha da Luciene, sua medicina é aquilo que cura o coração de alguém. Pode ser um abraço apertado. A capacidade de sempre ver o belo e elogiar. A paciência de escutar e acolher alguém com problemas. O talento de ensinar coisas difíceis de um jeito simples. Uma fé transbordante que contagia quem está em volta. A capacidade de organizar e trazer paz visual. A alegria que se espalha no ar quando você entra num ambiente. Um amor tão grande pela vida que transmite otimismo. O desejo de aprender para compartilhar com quem ainda não sabe.

Assista a este vídeo:

 *A vitamina que muda a sua vida.*

# AS MEDICINAS HUMANAS E SEU PROPÓSITO

*Sucesso significa que vamos dormir à noite sabendo que nossos talentos e habilidades foram usados de uma forma que serviu aos outros.*
MARIANNE WILLIAMSON

Sua medicina não é um objetivo, não é algo a ser alcançado. Ela já está aí, dentro de você, perfumando cada ação que você pratica, cada palavra que fala. Ela tem tudo a ver com seu propósito – primário e secundário – porque faz parte de quem você é e, ao mesmo tempo, aparece em tudo o que você faz. Ela é algo que você já vem fazendo por toda a sua vida, mesmo sem perceber.

Ela é genérica o suficiente para se encaixar e ser usada em múltiplas e diferentes situações, mas ao mesmo tempo é superespecífica para se encaixar em você, com seus dons, qualidades, talentos, defeitos e histórias de vida. Por isso, não poderiam existir duas medicinas exatamente iguais.

A Luciene é uma apoiadora que torce pelo sonho do outro e, certamente, há muitas outras pessoas no mundo assim – eu mesma sou uma delas –, mas a forma como a Luciene faz isso é muito específica e pessoal. Talvez seja com paciência, acolhimento e amorosidade. No meu caso, é com humor e – veja só – até mesmo um pouco de impaciência!

Pode ser que até hoje você tenha cometido o equívoco de acreditar que seu propósito de vida é que sua vida ande numa determinada direção. Eu, por exemplo, até 2012, acreditava que meu propósito de vida era me tornar uma escritora em tempo integral e viver disso.

Ter sonhos e desejos é muito bom, você pode criar afirmações positivas a partir deles, visualizar esses sonhos acontecendo e, claro, entrar em ação para realizá-los. Contudo, seu propósito é algo que você certamente já está fazendo e que, se olhar direitinho, perceberá que sempre esteve fazendo, por toda a sua vida. E, claro, a partir de agora você pode escolher seguir fazendo, só que intencionalmente.

Você pode descobrir esse propósito investigando as palavras que descrevem suas ações e impulsos na vida. Assim como a Luciene se deu conta, sua medicina e seu propósito sempre estiveram presentes nas suas atitudes, em diversas situações até aqui. Talvez você ainda não esteja pondo essa medicina no seu trabalho de forma intencional e consciente. E talvez, por isso mesmo, você possa estar infeliz ou frustrado no seu trabalho, não importa quão incrível e bem pago ele seja.

Se identificar essas palavras e ações for algo difícil para você, pode enviar uma mensagem para cinco pessoas próximas e perguntar quais palavras positivas elas associam a você e suas atitudes e comportamentos na vida.

Ao descobrir sua medicina (ou medicinas) e seu propósito, pode ser que você perceba que não tem vivido de forma alinhada, e isso pode ter trazido aquela sensação interna sobre a qual falamos no início do livro de que "a vida não pode ser só o chão". Pior ainda, essa falta de alinhamento pode estar bloqueando o fluxo de energia na sua vida e no seu corpo, e até mesmo fazendo com que você adoeça.

Contudo, uma vez que você descubra sua medicina e seu propósito, verá que tudo na vida se tornará mais fácil. Sempre que você se vir diante de uma escolha importante, bastará analisar as ações possíveis e se perguntar: qual delas é mais alinhada com minha medicina e meu propósito? O caminho vai se desenhar à sua frente como sempre se desenhou, mas você agora terá a habilidade de enxergar com nitidez.

---

Escute este episódio do podcast *Escolha Sua Vida*:

 *Olhar para si e se reconectar.*

# III

# CUIDANDO DAS SUAS MEDICINAS

# PEÇA AJUDA

*Não tenha medo de pedir ajuda quando você precisar. Eu faço isso todo dia. Pedir ajuda não é um sinal de fraqueza, é um sinal de força.*
BARACK OBAMA

"Eu sempre faço tudo sozinho!"

Se você se pega frequentemente dizendo isso para si mesmo ou para os outros, a verdade por trás do que está dizendo é que você não sabe pedir ajuda.

A autora Cheryl Richardson explica que, quando a gente é pego de surpresa por um desafio grande de vida, nossa tendência é recorrer a alguma tática que usávamos na infância para nos sentir seguros.

Eu gostava de me esconder atrás da cortina, debaixo da mesa ou, mais velha, no banheiro – e acabei trazendo essa estratégia de isolamento para a vida: quando alguma crise acontece, minha tendência é me isolar, me esconder numa busca por fugir da situação de estresse e me reconectar com minha paz.

Sempre tive uma dificuldade enorme em pedir ajuda. Essa dificuldade é maior ainda quando a ajuda de que eu preciso é emocional, pois, nesse caso, para eu pedir ajuda preciso me abrir com o outro, acessar minha vulnerabilidade e admitir para mim mesma – e para o outro – como estou me sentindo de verdade (e não ser a personagem fortona e indestrutível que meu ego criou).

Resultado: em vez de obter ajuda, eu muitas vezes me peguei sofrendo em silêncio.

Talvez você também viva esse tipo de situação. Se sim, saiba que aprender a pedir ajuda é uma das coisas que vão turbinar suas medicinas e suas possibilidades de compartilhá-las com o mundo. Pense comigo: se você tem propriedades curativas, medicinas que podem fazer o bem a outras pessoas, é preciso que você também esteja bem para poder compartilhá-las e espalhar essa cura. Se você estiver exausto, em sofrimento, passando por dificuldades sozinho, dificilmente estará na frequência adequada para poder ser útil a outras pessoas.

Você precisa pedir ajuda, também, para que a medicina de outras pessoas possa chegar até você.

E, se você é o tipo de pessoa que tem dificuldade de pedir ajuda, saiba também que aprender a sair do seu casulo e expor suas dificuldades, necessidades e fraquezas não é algo que se resolve da noite para o dia, lendo um livro, fazendo um curso rápido ou numa sessão de terapia.

Para mim, que já li muitos livros, fiz muitos cursos e muitos anos de terapia, isso ainda é um trabalho em andamento. Eu poderia pendurar no meu pescoço uma daquelas placas que vemos na porta das obras, e ela diria: estou há dezessete dias sem me isolar e esconder minhas emoções.

Mas, como toda cura, o primeiro passo é você se abrir para ela e estar disposto a ser curado.

SE VOCÊ ESTIVER EXAUSTO, EM SOFRIMENTO, PASSANDO POR DIFICULDADES SOZINHO, DIFICILMENTE ESTARÁ NA FREQUÊNCIA ADEQUADA PARA PODER SER ÚTIL A OUTRAS PESSOAS.

Por que é tão difícil pedir ajuda? Para entender, basta você olhar em volta. As redes sociais estão cheias de pessoas sorridentes, felizes, dando um mergulho em águas superazuis nas Maldivas, comendo refeições belíssimas, amando e sendo amadas sem nunca ter aquele bate-boca acalorado com o parceiro. E elas ainda têm cachorros fofos cujos pelos nunca embolam, aquelas filhas da mãe.

Você, que está aí preso no seu emaranhado de problemas ou de questões existenciais, naturalmente tem medo de que os outros percebam que você não é perfeito.

Acredite, a única palavra que pode mudar tudo é: *socorro*. Para os autores James e Claudia Altucher, essa única palavra pode "levar à gratidão, à compaixão, à abundância, ao amor, à entrega e à vida". Segundo eles, pedir ajuda "não é um gesto de fraqueza: na verdade, é uma das coisas mais corajosas que você pode fazer".

Quanto mais você aprender a pedir ajuda, mais leves vão ficando os fardos da vida, mais rápido você passa pelas situações complicadas e mais você se abre para receber as medicinas de outras pessoas.

Ao contrário do que a maior parte das pessoas pensa, quando você recebe ajuda não sente humilhação, mas sim gratidão. E a energia da gratidão o reconecta com seu estado natural de abundância.

No estado de abundância, suas medicinas transbordam e outras pessoas podem se beneficiar delas.

Assista a este vídeo:

 *Como vencer as dificuldades da vida.*

# CUIDADO COM O "MODO TURBO" DA BONDADE

*Quando você cuida bem de si mesmo, você tem tempo, espaço e energia para dar aos outros porque você quer – e faz isso a partir de um lugar de amor, e não por hábito, culpa ou obrigação.*
CHERYL RICHARDSON

Outra tática muito comum para quem tem dificuldade de pedir ajuda e, pior ainda, pedir carinho e atenção é, em vez de pedir aquilo que você precisa, entrar no modo turbo da bondade, e viver para "cuidar dos outros" – um verdadeiro ciclo vicioso.

Embora você esteja teoricamente "fazendo o bem", posso lhe provar que isso vai, no final das contas, abaixar sua frequência vibratória, e ainda causar mil e um problemas nos seus relacionamentos.

Um exemplo: você arruma a cama do casal todo dia, faz café para a família, organiza o lanche das crianças para a escola, ajuda sua amiga que está com problemas. Resumindo, você faz tudo que todo mundo precisa ou pede, acreditando que todo mundo vai ficar feliz com você por isso. Mas, como explica o psicólogo e trainer João Alexandre Borba, a cada gesto de carinho e demanda atendida, uma enorme dívida invisível vai sendo criada dentro de você.

Você entra na dinâmica perigosíssima de criar expectativas que não serão atendidas: você espera que o marido lhe agradeça por ter arrumado a cama e faça algo por você também (não agradece e ainda faz xixi no assento do banheiro), que a família lave a louça depois do café (não lava), que sua amiga também pergunte dos seus problemas (não pergunta).

Assim, aos poucos, você vai se tornando uma pessoa amargurada, com pensamentos tóxicos recorrentes, como "todo mundo é egoísta" ou "ninguém me dá valor", e ameaças veladas como "quero ver no dia em que perder".

Pode ser chocante o que vou dizer agora, mas, quando entra no modo turbo da bondade, além de estar fugindo de pedir ajuda ou atenção, você também está entrando no perigoso jogo de tentar comprar o carinho do outro. Criando a tal "dívida invisível" que cresce como uma bola de neve e que, um dia, pode acabar causando uma explosão interna. Nesse dia, você vai se pegar cobrando a dívida do seu marido/esposa, filhos ou amigos feito um agiota troglodita, aos gritos e pancadas, para, depois, surpreso, se perguntar de onde veio essa reação violenta. Nem parecia você!

Não preciso nem dizer o quanto isso faz sua frequência vibratória cair – sua *vibe*! –, e como isso o impede de compartilhar suas medicinas amorosamente.

Normalmente, dar demais é um sinal de privação, de falta. Alguma necessidade sua não está sendo atendida, você não está conseguindo expressar suas emoções ou está preenchendo algum outro tipo de vazio dentro de você com essa doação excessiva.

Cheryl Richardson explica que "você também pode ser disponível e generoso com os outros porque, em algum nível, você tem um desejo inconsciente de receber o que dá, seja reconhecimento, afeto ou apoio".

Então, cuidado! Quando se perceber entrando no modo turbo da bondade, pare, respire fundo, feche os olhos e se pergunte: onde é que estou precisando de ajuda, atenção, carinho?

Gere clareza sobre suas reais necessidades fazendo uma lista do que você precisa. Comunique essas necessidades a quem interessa. Faça isso se lembrando das cinco linguagens do amor e usando uma comunicação serena e amorosa.

---

**Assista a este vídeo:**

 *Dica infalível antiestresse.*

# APRENDA A DIZER NÃO

*Você pode dizer* NÃO *às histórias*
*que não servem para a sua própria evolução.*
JAMES ALTUCHER

Como seu propósito primário é ser você, naturalmente seus primeiros passos para encontrar propósito na sua vida estarão ligados ao autoconhecimento.

E, assim que você começar sua jornada de autoconhecimento, perceberá que algumas pessoas não vão gostar do "novo você". Será algo comum ouvir de alguém que "você está muito diferente" ou que "você não era assim", num tom de voz que deixa bem claro que, na opinião desse alguém, o "novo você" não está agradando nem um pouquinho.

Acontece que, até o momento, você vinha tratando essas pessoas de uma forma que, dentre outras coisas, priorizava as necessidades *delas* em detrimento das suas próprias. Você vinha tomando decisões importantes da sua vida baseado nos interesses delas, no que elas queriam.

Com seu excesso de doação, você treinou essas pessoas para esperarem um tratamento especial, e elas vão questionar quando, "do nada", você resolver mudar as regras e priorizar a si mesmo na sua vida.

É natural que, com sua mudança de prioridades, elas se sintam chateadas e decepcionadas. É normal, também, que por causa disso você perca alguns relacionamentos.

Pessoas muito próximas, como seu marido/esposa, pais, melhores amigos, vão continuar demandando sua atenção – e, talvez, essa demanda até aumente. E, quando você não atender essa demanda tão prontamente quanto faria antes, eles vão tentar fazê-lo se sentir culpado.

O que fazer quando isso acontecer?

Fique firme! Mantenha sua decisão de cuidar de si mesmo e fortalecer suas medicinas, e explique isso a quem você ama de forma transparente e amorosa. Essa não é uma conversa para você ficar se defendendo, se explicando, mas sim para você comunicar uma decisão já tomada, sem abrir espaço para que suas emoções sejam questionadas ou discutidas.

Há muitos anos, aprendi num livro do psicólogo Francisco Daudt da Veiga que, quando dizemos "não", não devemos nos justificar nossa resposta. O não é uma frase completa. Toda vez que explicamos nosso não, estamos abrindo espaço para que a outra pessoa questione nossa justificativa, para que comece um debate. Como se nosso "não" fosse negociável.

"Você pode me ajudar com tal coisa?"

"Puxa, não posso, porque estou terminando de escrever meu livro."

"Ah, mas você pode terminar amanhã."

Pronto, começou a negociação, e daí não pode sair nada de bom.

Desafie-se a usar o não com ponto-final sempre que os convites ou pedidos alheios forem consumir o tempo – já escasso – que você tem para investir nos seus sonhos. Lembre-se de que, a cada não que você diz a alguém, há um sim que você está dizendo a si mesmo, à sua missão, ao seu propósito de vida.

Nas situações em que você não tiver certeza se sua resposta deve ser um sim ou um não, aprenda a pedir tempo: sim, você tem esse direito. Normalmente, quando alguém pergunta "você pode me ajudar com tal coisa?", essa pessoa está esperando uma resposta imediata.

Mas você não é obrigado a responder nem a essa nem a nenhuma pergunta sem refletir. A resposta sugerida pelo autor James Altucher é "O.k., me dê algum tempo para ver como me sinto sobre isso". Separe um tempo para definir o que é bom *para você* e, apenas depois, dê sua resposta.

---

**Assista a este vídeo:**

 *Como criar suas políticas pessoais.*

# REDUZA O DRAMA NA SUA ROTINA

*Otimismo, aplicado de forma saudável,*
*vai inevitavelmente resultar*
*em uma melhor saúde física e emocional.*
RICHARD BANDLER

Eu gosto de fazer um convite nos meus vídeos no You-Tube que ajuda muito a diminuir o drama na sua rotina: "Entre para esta seita: aceita que dói menos".

Todo mundo está o tempo todo lidando com crises, pequenas e grandes, e a grande diferença é *como* cada pessoa lida com essas crises. Você observa isso num saguão de aeroporto quando um voo atrasa ou é cancelado: tem um monte de gente vivendo a mesma "crise", mas cada uma lida com ela de um jeito diferente.

Certa vez, um voo meu para São Paulo foi cancelado. Eu, no guichê, peguei uma fila razoável, e remarquei a viagem para quase quatro horas depois. O resto das pessoas na fila estava revoltado. Não vou dizer que eu estava feliz de ficar quatro horas mofando no aeroporto, mas já aprendi que, em todas as situações, sempre existe alguma oportunidade positiva escondida. Só que, para ter acesso a ela, você precisa manter sua frequência vibratória elevada, afinal, semelhante atrai semelhante.

Então, em vez de me identificar com emoções como frustração, revolta, raiva, impotência, resolvi me identificar com a aceitação e a curiosidade – afinal, o que será que o universo poderia estar reservando para mim, caso eu conseguisse manter meu bom humor?

Quando olhei novamente para a fila, avistei a especialista em finanças Nathalia Arcuri, cujo trabalho admiro muito. Fui até ela e dei a dica de como resolver rápido a troca de voo, explicando que havia um horário alternativo dali a quatro horas.

Resultado: sentamos juntos para um longo café eu, meu marido, Nathalia e sua divertidíssima assistente Rebeca. Meu marido, que é astrólogo, fez o mapa das duas, conversamos sobre o mundo digital, sobre ensinar na internet, e eu pude ter contato com o "lado B" da Nathalia, que eu só conhecia pela telinha e em conversas rápidas em eventos nos quais éramos palestrantes.

Quantas oportunidades boas perdemos quando nos identificamos com as emoções negativas e nos deixamos levar por elas. Enquanto me diverti por quatro horas, aposto que teve muita gente ali que passou quatro horas de raiva, se estressou e atraiu ainda mais situações desagradáveis: comprou um lanche para passar o tempo e o pão de queijo veio murcho e frio, brigou com o companheiro de viagem, foi ao banheiro e encontrou um cocô boiando no vaso, enfim, tudo que podia dar errado deu, e um pouco mais.

A partir de hoje, seja um guardião atento da sua vibração, pois ela impacta nas situações e pessoas que você atrai para a sua vida e, consequentemente, nas suas trocas de medicinas com o mundo.

Em especial, não deixe pequenas complicações ou pequenas crises atrapalharem sua vibe. O voo atrasou, seu filho derrubou iogurte na mesa de jantar, puxou um fio do seu casaco preferido, seu cachorro fez xixi no sofá: já está acontecendo, não lute contra a realidade. Entre para "a seita" e busque os aprendizados e oportunidades escondidos. Se não achar oportunidade nenhuma, com certeza o universo vai capacitá-lo para oportunidades futuras, dando-lhe a chance de desenvolver os músculos da aceitação, da resiliência, da tranquilidade, da paciência, do otimismo.

E por falar em otimismo, sempre que possível busque ver o humor por trás da situação. Richard Bandler, um dos criadores da Programação Neurolinguística (PNL), ensina o seguinte: "Algumas pessoas dizem: 'Um dia você vai olhar para trás e rir disso'. Minha pergunta é: 'Por que esperar?'". Ele está certíssimo: é melhor você antecipar esses dez anos e rir agora em vez de sofrer ou fazer drama.

---

Assista a este vídeo:

 *Livre-arbítrio: como usar corretamente.*

# NÃO EQUILIBRE VIDA PESSOAL E TRABALHO

*Não compartimentalize a vida.*
MEL ABRAHAM

Por muito tempo, construí minha vida em torno do meu trabalho, fazendo as coisas que mais me davam prazer só nas horas vagas, quando dava, e *se* dava.

Escrever, ler, tocar piano, cantar, meditar, pegar sol, ir à praia, caminhar na natureza, comer pipoca, tudo era feito em momentos roubados. Eu tinha dois armários diferentes, um com roupas para usar de segunda a sexta-feira, e outro de sexta a domingo. Terno, tailleur, meia-calça, salto alto. Jeans, camiseta, tênis, biquíni, chinelo.

Naquele tempo, eu buscava incansavelmente o tal equilíbrio entre trabalho e vida pessoal. Mas não era possível. Só uma daquelas duas pessoas era eu. A outra era a realização das idealizações e sonhos de outras pessoas. Pais, professores, família, amigos.

Descobri que tanto o trabalho quanto minha vida pessoal eram elementos de uma mesma coisa: a *minha vida*. Que as horas que eu trabalhava por dia, de dez a catorze, não eram apenas meu trabalho. Eram, surpreendentemente, meu tempo de vida, meu único recurso não renovável.

Decidi que minha vida não podia mais continuar sendo compartimentalizada. E tomei a decisão de seguir sendo apenas eu.

Na época, não parecia um bom negócio (financeiramente falando), já que a outra Paula era advogada, com pós-graduação e mestrado no exterior, enquanto eu, bem, eu era só uma sonhadora que queria viver de escrever coisas para ajudar pessoas, mas sem ter a menor ideia de como fazer isso (e muito menos de como fazer dinheiro com isso para pagar os boletos).

Contudo, os últimos nove anos me ensinaram que o universo está pronto para suprir minhas necessidades – materiais, inclusive – sempre que eu for congruente com quem sou de verdade, quem nasci para ser. Sempre que eu puser minhas medicinas a serviço do universo.

O mundo está atualizando seu sistema operacional: muitas coisas já não funcionam mais como funcionavam antigamente, e a pandemia veio para acelerar ainda mais esse processo de transformação, tanto interna quanto externa.

Arrisco dizer que, no novo mundo que desponta, será cada vez mais difícil não ser você. Será complicado manter máscaras. Será incômodo ver cada vez mais outras pessoas conseguindo fazer dinheiro sendo elas mesmas, enquanto você continua escondendo quem você é em troca de uma suposta segurança e estabilidade. E a sensação de que a vida não pode ser só o chão só tende a aumentar.

Por isso, pare de compartimentalizar sua vida, decida ser você. É um salto no escuro. Não vou dizer que não é. Mas e se você só estiver vivo, só estiver aqui agora, se toda a sua vida até hoje só tiver acontecido para você tomar coragem e dar esse salto?

---

Escute este episódio do podcast *Escolha Sua Vida*:

 *Você pode mudar sempre que quiser.*

# PARE DE SE PREOCUPAR TANTO COM O DINHEIRO

*Alegria não tem preço.*
MARIANNE WILLIAMSON

Se você não seguiu seu sonho ainda – e tem medo de fazer isso – porque ainda não sabe como vai ganhar dinheiro fazendo o que ama, quero compartilhar algo.

Estar no fundo do poço, infeliz na minha carreira e, ao mesmo tempo, cheia de roupas e bolsas caras no armário me ensinou uma lição importantíssima: realizar meu sonho era mais importante do que fazer dinheiro.

Quando escolhi abandonar a carreira de advogada, abracei uma vida cheia de alegria, diversão, tempo, tranquilidade. Não se iluda, isso não quer dizer que passo o dia na rede admirando a natureza, mas sim que hoje em dia, mesmo no perrengue, consigo manter minha paz.

Eu não sabia se o dinheiro viria, mas sabia que se seguisse meu sonho eu teria essa vida de alegria e paz, *independente* do dinheiro. Como escreveu o autor Richard Wiseman: "a felicidade não vem do sucesso, ela, na verdade, o causa". Hoje sei que foi justamente minha alegria, meu entusiasmo em ser eu mesma, que atraiu as pessoas, situações e oportunidades que me permitiram começar a fazer dinheiro fazendo o que eu amo.

Depois que o dinheiro veio, segui o conselho de Paulo Coelho e me apresentei como exemplo do que é possível. Para que você mude não pelas minhas palavras num livro ou post, ou mesmo por um vídeo meu no YouTube, mas por ver que eu vivo cada palavra que compartilho com você.

Para que você entenda que sonho não tem prazo de validade, e que não importa a idade que você tem hoje ou quais caminhos você trilhou até aqui, eu só aceitei que minha vida não fazia sentido sem meu sonho aos 35 anos – e precisei de um baita empurrão do universo, na forma de uma demissão. Acredite, lá atrás, mesmo eu sabendo que desejava muito sair daquele emprego, não foi nada gostosinho.

Mas quando parece que está dando tudo errado, é a hora de usar sua fé, de acreditar que o universo tem um plano diferente – e muito melhor! – que o seu. E entregar.

Falta de dinheiro só é problema quando você está desconectado da sua Verdade. Nunca passei necessidade, mas comi muito arroz, feijão e ovo com Davi. E quer saber? Foi melhor que qualquer prato três estrelas Michelin em Paris, porque eu estava me sentindo completamente abundante. Eu estava feliz.

Não sei qual é o sonho que você está adiando por causa de dinheiro – ou por outras desculpas. De que formas você está guardando suas medicinas para si mesmo. Só quero lembrá-lo de que só é tarde demais se você não começar agora.

* * *

Como você faz, hoje, para aumentar seu nível de felicidade e realização na vida? A receita é simples: diminua as lacunas de felicidade. Essas lacunas são os espaços entre o que você sabe que deve fazer e o que você efetivamente faz.

Todo mundo tem esses buracos, porém as pessoas mais felizes encontram jeitos de eliminar ou reduzi-los nas áreas mais importantes da vida. Elas definem isso como uma *prioridade* na vida.

Já as pessoas infelizes, com grandes lacunas de felicidade, são aquelas que encontram todo tipo de desculpa para não dar nenhum passo. E entre as desculpas mais frequentes está o "não saber". Não sei qual é minha paixão. Não sei como vender meu trabalho. Não sei nada de marketing digital. Não sei lançar meu produto. Não sei como fazer uma padaria na minha cozinha.

Chega disso. Você vive na era da informação. Não saber alguma coisa dificilmente é o motivo de não ser totalmente realizado. Se abrir seu navegador agora mesmo e digitar "tutorial para fazer tal coisa", mesmo que seja a coisa mais esdrúxula do mundo, você há de encontrar alguém ensinando, gratuitamente, como se faz. Passo a passo. Admita para si mesmo que a razão de você estar empacado, frustrado, exausto, não é falta de informação.

O primeiro passo é que você deixe o "como fazer dinheiro" um pouco de lado e abrace essa tarefa de aumentar seu nível de felicidade. Abraçar isso como sua

O MUNDO ESTÁ ATUALIZANDO SEU SISTEMA OPERACIONAL: MUITAS COISAS JÁ NÃO FUNCIONAM MAIS COMO FUNCIONAVAM ANTIGAMENTE, E A PANDEMIA VEIO PARA ACELERAR AINDA MAIS ESSE PROCESSO DE TRANSFORMAÇÃO, TANTO INTERNA QUANTO EXTERNA.

*missão*. Olhe aí que ideia boa para você que está perdido há anos, choramingando pelos cantos que ainda não sabe qual é sua missão de vida! Adote como prioridade elevar seu nível de paixão e disciplina, ou seja, sua disposição para fazer o que precisa ser feito – até mesmo aquilo que não é gostosinho –, porque o resultado final é importante para você.

\* \* \*

No livro *Walden*, Henry David Thoreau fala sobre uma "nova economia". Logo de cara, ele define algo de que pouca gente se dá conta: "O custo de uma coisa é o tanto de vida que é necessário trocar por ela, imediatamente ou no longo prazo".

A teoria-padrão econômica foca só o resultado financeiro. Se trabalhar mais traz mais dinheiro, então, obviamente, você vai trabalhar mais.

A teoria de Thoreau mostra que essa conta deixa um fator extremamente importante de fora: o quanto de *vida* você gasta para fazer esse dinheiro extra. O quanto isso consome mais seu tempo, sua mente, o quanto isso o estressa mais.

Ele fala dessas pessoas soterradas pela sua carga de trabalho como uma massa vivendo num silencioso desespero. Eu entendo bem desse desespero e, talvez, você também entenda.

Enquanto morava em Walden, Thoreau se deu conta de que precisava trabalhar só um dia na semana para suprir suas necessidades básicas. E foi exatamente o que ele fez. Enquanto isso, os fazendeiros vizinhos se matavam de trabalhar. Para quê? Thoreau tirava sarro deles, dizendo que comprariam cortinas mais chiques ou um carro mais potente.

A pergunta que você deve se fazer todos os dias é: você trocaria uma vida de estresse e sobrecarga por alguns "confortos" (ou muitas vezes coisas que servem apenas para exibir aos outros)?

Se você já começou a se dar conta de que há algo errado com a velha economia, reflita se vale mesmo a pena continuar entregando seu tempo de vida por cortinas mais bonitas e carros maiores. Talvez você descubra que está trocando sonhos – e seu tempo de vida – por migalhas.

Marianne Williamson diz: "Faça o que você ama. Faça o que faz seu coração cantar. *E nunca faça pelo dinheiro*. Não vá trabalhar para fazer dinheiro; vá para espalhar alegria".

---

Assista a este vídeo:

 *Felicidade e dinheiro.*

# IV
# REFLEXÕES FINAIS

# REENCARNE NO MESMO CPF
## E SEJA IMPARÁVEL

Quando recomecei minha vida, em 2012, eu não era coach, nem palestrante, nem educadora online, nem entendia nada de marketing digital.

Eu não era a mais talentosa – muito pelo contrário, minhas habilidades de comunicação eram limitadas e eu era muito tímida. Meus vídeos no YouTube eram uma tragicomédia – mantenho todos eles lá até hoje, para encorajar você que tem medo de compartilhar suas medicinas com o mundo.

Eu certamente não era a mais treinada: demorei mais de um ano para sequer buscar uma primeira certificação. Até lá, segui autodidata, estudando por conta própria e criando meus próprios métodos para tudo.

Eu também não tinha mais oportunidades do que a maioria das pessoas que buscam minha ajuda hoje. Pelo contrário, eu acabara de ser demitida – e, portanto, estava desempregada. E, havia menos de um ano, tinha me divorciado do pai do meu filho, que se mudou para o outro extremo do país, o que me deixou como mãe solo (e logo depois desempregada) de uma criança de 3 anos.

A única diferença é que eu simplesmente queria mais do que a grande maioria das pessoas. Eu estava disposta a aprender o que precisasse aprender. A desenvolver as habilidades que fossem necessárias. A sentar a bunda e virar noites estudando. A passar uma boa fase da vida sem ter o conforto a que eu estava acostumada desde criança. A viver num lugar menor e mais simples. A me desfazer de metade dos meus pertences, inclusive móveis e objetos que eram herança de família e tinham valor sentimental. A ver muitos dos meus amigos me virarem as costas, alguns até mesmo me bloqueando nas redes sociais. A ficar sozinha. A acreditar em mim mesma independentemente de ter pessoas me apoiando ou não. Eu tinha descoberto que não valia a pena viver sem me tornar aquilo que Deus tinha posto dentro do meu coração. E, por isso mesmo, eu era incansável!

Muitas pessoas que trilharam parte dessa jornada comigo desistiram. Eu segui, imparável, e aqui estamos.

Tudo se resume a uma pergunta: você quer o suficiente para fazer o que quer que seja necessário? Para fazer mais do que outras pessoas fariam? Só quando você fizer tudo o que pode fazer hoje, com o que tem hoje, começando de onde você está hoje, Deus poderá fazer por você o que quer que seja que você ainda não pode fazer sozinho.

O milagre só virá se você, antes, fizer tudo o que já está ao seu alcance. Mesmo que pareça pouco. Ou mesmo que seja muito difícil.

* * *

O melhor momento para seguir sua paixão pode ter sido há muitos anos. O segundo melhor é agora.

Eu passei muito tempo sofrendo por ter perdido quinze anos da minha vida trabalhando no mundo corporativo. Assim que abandonei minha carreira e comecei a fazer algo novo, e assim que esse algo novo começou a "dar certo" na opinião de outras pessoas (sempre baseadas apenas em fazer dinheiro), essas mesmas pessoas vinham falar comigo que era "uma pena" eu ter demorado tanto a seguir meu caminho.

Hoje, conhecendo mais sobre as medicinas humanas, eu *sei* que eu jamais poderia ser a Paula que sou hoje se não tivesse vivido quinze anos de mundo corporativo. Se não tivesse advogado para grandes empresas em cujos valores eu nem sempre acreditava. Se não tivesse chorado escondida no banheiro, ou no carro a caminho do trabalho.

É isso que me faz compreender a dor de quem ainda não conseguiu dar um primeiro passo, não conseguiu encontrar seu caminho, não sabe qual é sua paixão, ou ainda sente que a vida não tem sentido. Eu já vivi neste lugar. Eu sei como ele é solitário, escuro e dolorido. Como ele parece não ter saída.

Isso me permite, hoje, não só entender, ter empatia e compaixão por quem ainda sente essa dor, mas também escrever os textos, fazer os vídeos e publicar os livros que eu gostaria de ter encontrado quando estava sofrendo.

Você já sabe que nossas grandes feridas na vida também são nossas mais poderosas medicinas. Em vez de ficar se lamentando pelo tempo perdido, que tal entender que agora é o segundo melhor momento para você seguir sua paixão e dar o próximo passo para ser quem você nasceu para ser?

---

Escute este episódio do podcast *Escolha Sua Vida*:

 *Reencarne no mesmo CPF.*

# QUANDO SUAS MEDICINAS VIRAM SEU TRABALHO

Certa vez, me perguntaram numa rede social como lidei com o fato de ter abandonado uma carreira "reconhecida" na advocacia para trabalhar com algo que "as pessoas" não reconhecem como uma carreira.

Enquanto passei quinze anos da minha vida profissional fazendo tudo que "as pessoas" reconheciam como carreira, sucesso, status, poder, a real é que eu estava na merda.

A partir do momento em que me dei conta disso, a opinião "das pessoas" deixou de ter qualquer importância. Afinal, que "pessoas" são essas? Quem pediu a opinião delas? Elas estão pagando meus boletos? Estão genuinamente felizes com as escolhas delas, para virem questionar as minhas? Pois é.

Hoje, não só não ligo a mínima para o fato de trabalhar com algo supostamente não reconhecido como uma carreira (coaching) como vou além: nem é isso mais que eu faço.

Quem já esteve comigo em algum dos meus eventos ao vivo entende bem do que estou falando. Já estou longe, *bem longe* do coaching tradicional, ou, como brincamos no evento, "o coaching está diferente".

Em eventos supostamente de "coaching", já fiz alinhamento dos chacras do grupo, meditação com tambor, libertação emocional com música à capela, já toquei harmônio indiano cantando mantras, já botei minha audiência tomando florais do cerrado para abrir o chacra do coração e, depois, dançar ao som de uma DJ terapeuta.

Já faz alguns anos que me apresento como exterminadora de zumbis, trazendo almas mortas de volta à vida, e para isso eu vou usar todas as armas, ferramentas e tecnologias ao meu alcance.

Entenda uma coisa: a não ser que seu sonho seja ser traficante de drogas ou alguma atividade igualmente ilícita, ninguém pode impedi-lo de fazer o que você quiser. Independentemente de o mundo lá fora reconhecer ou não o que você faz como uma carreira.

Na verdade, quanto mais "as pessoas" não reconhecerem o que eu faço como carreira, melhor eu vou achar. Isso significa que meu trabalho é a expressão única de quem EU SOU e das minhas medicinas, que também são únicas. Com isso, ele é incopiável, incomoditizável, posso cobrar quanto eu quiser, fazer o que eu quiser sem sofrer ameaças de ser "descertificada". Posso até inventar palavras que não existem, e tá tudo bem! E ainda posso trabalhar e fazer meu dinheiro de moletom, de dentro do meu quarto. Às "pessoas" e suas críticas construtivas de quem nunca construiu nada, bem, a elas eu dedico meu mais sincero e carinhoso FODA-SE.

Assista a este vídeo:

 *Faça escolhas que acalmem o seu coração.*

# SE VOCÊ NÃO LEVAR SEU SONHO A SÉRIO, NINGUÉM VAI LEVAR

Uma das queixas que eu mais escuto da minha audiência é "meu marido/esposa/pai/mãe não apoia meu sonho". Vamos falar sobre isso. Não importa se seu sonho é empreender ou escrever um livro. Se você não se comprometer com isso, não espere o apoio de ninguém.

Quando você não leva seu sonho a sério, acredite: é um direito de todo mundo em volta de você também não levar.

Por levar seu sonho a sério e se comprometer, eu quero dizer:

1   Criar o espaço na sua vida para o seu sonho. Seja o espaço na sua agenda, seja o espaço físico na sua casa onde você vai fazer seus brigadeiros ou escrever seu livro.

2   Encontrar seu próprio jeito preferido de fazer essa coisa que você quer fazer. Se você quer escrever um livro, quer fazer isso escrevendo à mão, numa máquina de escrever antiga, no computador, no iPad, em post-its, em cartões brancos, com uma caneta de pena, ou o quê?

3   Inspirar-se. Se não tiver modelos em quem possa se inspirar, você até pode conseguir realizar esse sonho, mas será bem mais difícil e menos prazeroso. Se quer escrever um livro, leia livros inspira-

dores. Se quer empreender, tenha seus mentores (quer eles saibam ou não que têm esse papel na sua vida!) e leia sobre eles, suas biografias, como chegaram aonde chegaram.

4 Criar uma rotina. Anote na sua agenda, acorde mais cedo se precisar (e, para isso, durma mais cedo também), se alimente da maneira certa, movimente seu corpo, faça o que precisa ser feito para estar no seu melhor estado quando se sentar à sua mesa para trabalhar no seu sonho.

5 Manter-se em *flow*. Tenha um caderno para anotar seus insights, ideias, sacadas, e até mesmo para copiar textos, insights, sacadas e ideias dos seus modelos. Não para plagiar futuramente, mas sim para "entrar na cabeça deles", entender como eles pensam e tomam decisões.

Qual desses pontos você já está praticando e em qual deles ainda pode melhorar? Qual passo você pode dar para levar seu sonho a sério?

Assista a este vídeo:

 *Dicas para desempacar.*

## PREPARE-SE INTERNAMENTE PARA RECEBER AQUILO QUE DESEJA

*Os milagres são direito de todos,*
*mas a purificação é necessária primeiro.*
MARIANNE WILLIAMSON

A abundância é um *direito* seu. Sabia?

Mas, se é um direito seu ser próspero, ter abundância material, saúde plena, liberdade criativa, entusiasmo pela vida, e todo e qualquer desejo que você tiver, por que diacho nem tudo isso é uma realidade ainda para você?

Talvez, só talvez, você ainda não esteja preparado para receber tudo o que a vida quer lhe dar.

Aí vão algumas perguntas e uma pequena, mas poderosa, checklist para você descobrir se está pronto para a abundância:

- Você acredita que a vida está a seu favor?
- Você se acha capaz de administrar o que deseja?
- Você se ama o suficiente para acreditar que pode ter o que deseja sem ter de lutar para conseguir?
- Seu coração está aberto, sem ódio, raiva, ressentimento ou medo?
- Você acredita que merece?

QUANDO VOCÊ NÃO LEVA SEU SONHO A SÉRIO, ACREDITE: É UM DIREITO DE TODO MUNDO EM VOLTA DE VOCÊ TAMBÉM NÃO LEVAR.

- Você não tem medo do que as outras pessoas vão dizer sobre você quando você tiver tudo o que deseja?

Analise cada um desses pontos e, se perceber que algum deles ainda não é um absoluto e inquestionável SIM, você acaba de descobrir por onde deve começar a se preparar para realizar seu sonho.

O que você precisa fazer para conseguir o que deseja?

\* \* \*

Sucesso não vem com o que você faz uma vez por ano, nem todo mês, nem mesmo uma vez por semana. Ou você abraça essa ideia e começa a criar intencionalmente os hábitos diários que vão levá-lo a realizar seu sonho, ou nem perca seu tempo.

Primeiro, dedique seu foco ao básico. Estude e pratique o básico até o ponto em que ele se torne automático. O ponto em que não é mais você que faz o básico, é o básico que faz você.

Depois, trabalhe mais do que os outros. Não necessariamente em quantidade de horas, mas em foco e dedicação. Já trabalhei muitos dias de catorze horas fazendo muito pouco trabalho realmente focado ou importante, e eu sei que você sabe bem do que estou falando.

O autor Jim Rohn já dizia: "O sucesso não é mágico nem misterioso. O sucesso é a consequência natural de aplicar os fundamentos básicos".

Sucesso não é sexy, não tem glamour, não é fazer o popular, o que todo mundo está fazendo, não é necessariamente gostosinho.

Todas as conquistas de outras pessoas, que hoje o inspiram ou lhe causam invejinha, foram o acúmulo de pequenas coisas feitas com disciplina por alguém que escolheu e, cuidadosamente, criou esse sucesso.

Faça as pequenas coisas que têm de ser feitas. Todos os dias.

Assista a este vídeo:

 *Você está pronto para a abundância?*

# PERGUNTAS IMPORTANTES

Sei que, nesta jornada, seu ego lhe fará muitas perguntas paralisantes. Por isso, e para que você não se paralise por causa delas, já vou adiantar algumas:

- Quem sou eu para brilhar?
- Quem sou eu para ter prazer no trabalho?
- Quem sou eu para poder fazer o que gosto?
- Quem sou eu para fazer dinheiro com minhas ideias?
- Quem sou eu para ajudar outras pessoas?

Quando essas perguntas chegarem à sua mente, responda com as seguintes perguntas:

- Quem sou eu para não brilhar?
- Quem sou eu para não ter prazer no trabalho?
- Quem sou eu para não poder fazer o que gosto?
- Quem sou eu para não fazer dinheiro com minhas ideias?
- Quem sou eu para não ajudar outras pessoas?

Mude suas perguntas para começar a mudar também as respostas.

Já se cadastrou na área exclusiva de leitores? Preparei aulas e materiais especiais para você. Acesse e aproveite!

# INCLUA DEUS NOS SEUS PLANOS

Há aquele amigo que te liga para conversar. Que te conta a vida. Que te pede opinião antes de fazer as coisas. Que quer saber o que você faria no lugar dele. Que te ouve, respeita. Que está presente na sua vida. Que quer saber o que você pensa sobre essa nova pessoa que ele conheceu, ou essa nova oportunidade de trabalho, esse novo negócio.

Há aquele outro amigo, aquele que só liga quando está no meio de uma emergência. No fundo do poço. Quando o relacionamento já está todo arruinado, a carreira já foi por água abaixo, a empresa já faliu e ele precisa de socorro. Você sabe bem do que estou falando.

Como você vê cada um desses amigos? Como você atende a eles?

Agora, eu lhe pergunto: qual desses amigos *você* tem sido para Deus? Tem ligado para ele regularmente? Tem pedido a opinião dele *antes* de fazer besteira? Tem perguntado para o seu Criador as informações de que você precisa para orientar sua vida? Ou você está esperando tudo ruir para ligar no telefone do Batman querendo a solução para ontem?

\* \* \*

Mais do que isso, você está ouvindo o que Ele responde? Deus não tem WhatsApp nem e-mail e, para a maioria de nós, a resposta não vem com um trovão e a voz do Morgan Freeman.

Deus te dá intuição. Você não tem fatos, provas, evidências, explicações lógicas, você simplesmente sabe que você sabe que você sabe. É Deus falando com você. Respondendo à sua ligação.

Ele sabe onde estão os riscos, os problemas que podem ser evitados, as oportunidades que você precisa aproveitar (mesmo quando todo mundo acha que é uma roubada). Ele sabe quem são as pessoas que vão causar confusão na sua vida. Mesmo que elas sejam pessoas ótimas, às vezes elas simplesmente não são ótimas *para você*, *neste momento*.

Você precisa prestar atenção. Precisa ouvi-Lo em tudo que você faz. Ele quer compartilhar sabedoria com você, que vai lhe economizar anos de sofrimento.

Você tem que aprender a confiar no seu sensor, nesse GPS interno que veio de fábrica em você. As coisas que você não se sente bem em fazer, essa agitação interna quando você está fazendo algo que não será bom para você, a voz que lhe ordena desligar a televisão e ir dormir, que pede para você não comer a metade daquele pudim na sua geladeira.

Preste atenção na sensação de paz: esse é o sinal verde de Deus para que você siga em frente. Se ninguém em volta acreditar em você, se ninguém apoiá-lo, mas internamente você sentir essa paz: dane-se todo mundo!, o sujeito que o criou está dizendo que *tá tranquilo, tá favorável*.

Deus não vai pegar o controle da sua mão e ajudá-lo a passar por uma fase difícil, como se fosse um videogame. Esqueça isso.

Mas, se você pedir, Ele vai sim lhe dar todas as informações, as dicas, os insights. E aí você mesmo tem que pegar esse controle nas mãos e passar de fase.

\* \* \*

Quando estava terminando de escrever este livro, me deparei com um vídeo viral no Instagram que me levou às lágrimas, pois mostrava a história de uma jovem que tinha passado por muitas perdas e uma grande transformação.

Veja, eu tenho Lua em Câncer, e, mesmo que você não entenda nada de Astrologia, saiba que ser levada às lágrimas por vídeos contando a história de vida de outras pessoas não é nem de longe algo incomum na minha vida. Mas, naquele dia, eu senti algo diferente. Um chamado.

À sua maneira, Deus estava me mandando uma mensagem.

"Fale com essa moça", eu ouvi. Olhei para cima – como costumo fazer quando sinto que estou recebendo uma mensagem divina – e argumentei: "Mas deve haver centenas de milhares de pessoas mandando mensagem para ela...".

Silêncio absoluto. Entendi o recado.

Encolhi os ombros e comecei a escrever a mensagem. Independente de entender ou não, hoje em dia sei que preciso apenas cumprir o que está sendo pedido. Mandei a mensagem e fechei o aplicativo, na certeza de que jamais teria uma resposta.

Contudo, a resposta chegou naquela mesma tarde. E, ao contrário do que eu faria em qualquer outra situação, na mesma hora mandei meu número de telefone para a moça. Ela respondeu: "Parece coisa de Deus, viu?".

Eu estava abrindo no dia seguinte as matrículas para o meu curso profissionalizante em marketing digital, exatamente o que ela precisava naquele momento para impulsionar seu negócio, e me ofereci para ser mentora dela em tudo o que precisasse. Eu não fazia a menor ideia de como poderia ajudá-la, mas no meu coração só ouvia a voz d'Ele: "Ajude esta moça".

Ela perguntou: "O que você tem em mente, Paula?".

"Eu não tenho nada em mente, só sei que, quando vi seu vídeo, ouvi a voz de Deus me pedindo para procurá-la. Achei doido, pois pensei que você nem ia ver ou responder, mas eu sempre obedeço a tudo o que Ele pede".

"Eu pedi a Ele para isso acontecer... Acredite ou não! Eu pedi mesmo. Eu sabia que ia acontecer!", ela respondeu, empolgada.

"Eu acredito."

A Kamylla me permitiu compartilhar com você a história dela, que tanto tocou meu coração:

*Para falar como eu cresci no ramo do empreendedorismo e da confeitaria, preciso voltar no tempo alguns anos. Pois o percurso e os acontecimentos do passado foram decisivos para moldar a mulher que aguentaria todo tipo de dificuldade na vida e as turbulências que ocorrem a todos que decidem empreender no Brasil.*

*Minha infância, assim como o retrato da maioria das mulheres brasileiras, não foi fácil. Violência doméstica, divórcio dos pais, abandono paterno, violência sexual e todos os acontecimentos necessários para gerar uma pessoa extremamente traumatizada e travada para a vida em todos os aspectos. Mas, contra a tendência natural de casos assim, eu optei por não cair num limbo de sofrimento. Escolhi aprender com meus erros e superar meus traumas.*

*Desde os 13 anos eu já sabia ganhar dinheiro. Sabia desenhar e pintar muito bem. Vendia desenhos na escola e, logo depois, passei a vender panos de prato pintados à mão. Vendia para as pessoas da família e minha avó levava para vender na igreja. Aos quinze, juntei dinheiro e passei a vender telas com pinturas a óleo.*

*Mas isso dava pouco lucro, era suficiente apenas para ter dinheiro para o lanche na escola e comprar minhas coisas. Aos dezoito, entrei na faculdade e me formei em turismo aos 25 anos. Estagiei e trabalhei na área, mas eu não estava satisfeita, não via propósito.*

Gostava de fazer meus horários, de comandar minha vida, de escolher, de liderar. Eu sempre sonhava em ter meu próprio negócio. Mas continuei, pois não tinha muita opção, nem a orientação certa na época.

Logo, então, veio a necessidade urgente de ter uma família, ter filhos, para suprir o vazio de um lar estruturado que nunca tive quando criança. Tanto que, claro, escolhi um parceiro à imagem da figura paterna idealizada na infância. Caos. Tudo se repetiu. E, claro, esse relacionamento não deu certo.

Só que, no meio desse processo, Deus me enviou algo que mudaria tudo. Uma filha linda, inocente e meiga. Foi uma gravidez difícil, cheia de problemas, risco de parto prematuro, medo, dor e muita angústia. Ela nasceu com uma condição de saúde extremamente vulnerável. Tinha uma doença imunológica que causava alergia a algumas proteínas como leite de vaca, trigo e soja, podendo, em contato com esses alimentos, sofrer desde reações de pele a choque anafilático. Cuidar de uma criança especial e amá-la incondicionalmente foi que me deu os primeiros sinais de que eu deveria mudar tudo na minha vida. Foi quando vi que não poderia deixá-la passar por tudo que passei. Eu precisava mudar nossa história. Ela merecia ser feliz.

Por conta da gravidez e condição de saúde dela, eu tinha deixado de trabalhar. Dedicava-me exclusivamente a ela. Escolhi amamentá-la e para isso fiz diversas renúncias. Como as coisas que eu comia passavam para o leite materno, eu não podia comer fora de casa. As proteínas às quais ela era alérgica não podiam entrar na nossa cozinha. Vivemos uma solidão enorme nessa época. A doença ainda era pouco conhecida pelos médicos. A família e os amigos não davam a devida importância. Como essa doença é uma falha do sistema imunológico, existia a possibilidade de uma cura e era por isso que eu rezava todos os dias. Pesquisei e estudei muito a respeito dessa condição e participava de um grupo no WhatsApp onde já aconselhava muitas mães na mesma situação. Foi então que criei uma página no Instagram em busca de apoio emocional, psicológico e também com o objetivo de alcançar mais famílias que estavam perdidas nesse processo. Acabei ajudando muitos pais com o mesmo problema em todo o Brasil. Criei uma linda comunidade de ajuda mútua no Instagram.

No decorrer disso tudo, tentei de todas as formas fazer o casamento dar certo, mas não consegui: o divórcio veio. E foi aí que minha jornada começou de verdade. Sem renda. Sozinha com um bebê. Por intervenção divina, minha filha com um ano de idade foi curada. E foi então que consegui ver a chance de ter uma vida normal. Finalmente, eu poderia voltar a trabalhar, sustentá-la e dar-lhe o que ela merecia. Mas como? Como trabalhar com um bebê? Não tinha com quem deixá-la, não tinha dinheiro para pagar alguém para ajudar. Eu estava falida, sem nenhum capital. As compras da casa quem fazia era a família, e nós morávamos num apartamento emprestado *como ajuda, também, ao qual já haviam me dado prazo para sair.*

*A única opção era trabalhar em casa, com ela. Então pensei o que poderia ser. Me veio logo à cabeça: comida. Pode acontecer o que for, ninguém deixa de comer. Era isso. Escolhi então o segmento. Como começar a trabalhar sem capital? Docinhos! No armário, nas compras havia uma caixa de leite condensado, Nescau e margarina. Ofereci no grupo do condomínio brigadeiro a 1 real. Consegui fazer quinze unidades. Vendi todas no mesmo dia. Com os 15 reais, comprei mais três caixas de leite condensado, granulados e uns recipientes em que cabiam doze unidades de brigadeiro. Chamei de "marmitinha de docinhos". Vendia doze unidades a 15 reais. Consegui fazer quatro marmitinhas e vendi todas no mesmo dia novamente. E, assim, começou minha história na confeitaria. Por uma necessidade urgente de ter uma renda e cuidar da minha filha, ela foi minha maior motivação.*

*Em duas semanas, eu já fazia o capital girar. Um dia, caminhando em direção ao mercado, passei por uma feira de frutas de uma comunidade agricultora que vendia na rua e vi uma enorme movimentação de pessoas. Pensei em voz alta: vou vender ali. Na mesma hora, fui ao encontro deles e perguntei se me deixariam participar com minha mesinha e fui muito bem recebida.*

*Na mesma semana, já estava lá com meus doces. Não voltava com nenhum docinho para casa. Decidi oferecer mais produtos e pensei em bolo de pote.*

*Procurei receitas baratas na internet e fui ajustando do meu jeito. Levava pedaços da massa para degustação e oferecia para provarem. Em seguida, oferecia os bolinhos de pote. Foi um sucesso. Eram realmente muito bons. Vendia por 5 reais a unidade.*

*Lembro-me de cada momento desse período. Minha filha, aprendendo a andar, ia cambaleando até a barraquinha das frutas e pedia uva à moça, que sempre dava um cachinho de uvas a ela, depois ia na barraca da tapioca e o senhorzinho fazia só a massinha e ela comia toda sorridente.*

*Eu chorava todos os dias ao me deitar para dormir, de cansaço e gratidão. E assim os dias passavam. Simplesmente, todos amavam meus produtos. Eu voltava pra casa com pelo menos cem reais por dia. Imprimi meu número num papel junto com meu Instagram e entregava a todos para os quais vendia e a quem passava. Em dois meses não precisei ir mais para a feirinha, pois estava cheia de pedidos e com a agenda lotada.*

*Fui adicionando mais produtos, bolinho vulcão, bolos caseiros, e crescendo nas redes sociais. Eu fazia toda a produção de noite, depois de a bebê dormir, ia até de madrugada mexendo brigadeiros, assando massas e montando tudo. Dormia de quatro a seis horas por dia. As pessoas gostavam do meu trabalho, dos produtos, e ao longo do caminho eu fui me apaixonando pela confeitaria. Foi então que decidi que era isso que iria fazer da minha vida.*

*Mas eu não queria que minha filha me visse apenas como a mulher que vendia docinhos para fazer a feira.*

*Eu queria que ela se orgulhasse de mim. Eu decidi que seria referência na área. Coloquei isso como meta. Que teria um grande negócio e seria professora. Passei a fazer bolos de festa e a me aperfeiçoar cada vez mais.*

*Com o lucro, já conseguia pagar alguns cursos e iniciei uma pós-graduação em confeitaria. Eu crescia absurdamente rápido. Eu era uma máquina de trabalhar e estudar. Até que consegui capital suficiente para ir morar sozinha com ela e montar meu próprio ateliê. Meus bolos e produtos já estavam com acabamento perfeito, eu tinha um método, me tornei referência na técnica e na motivação. E foi então que vi que podia iniciar minha carreira como professora conseguindo minhas primeiras alunas.*

*Depois de algum tempo, num dia de muita chuva, aconteceu a inundação da minha casa. Os bueiros da rua estavam entupidos de lixo e a água não tinha passagem. Simplesmente perdi todos os móveis da casa, mas principalmente toda a matéria-prima da doceria. Tudo ficava num quarto e, como eram fardos, eram armazenados no chão. O material que estava suspenso se perdeu posteriormente mofando por causa da umidade da casa. Eu não conseguia acreditar no que estava acontecendo. Quase dois anos de trabalho duro, tudo perdido. Isso me destruiu por dentro. Eu jamais imaginava que aquilo poderia acontecer. E foi quando percebi meu primeiro erro como empreendedora: eu não tinha reserva de emergência. Já era tudo tão difícil. Todo o meu lucro, eu sempre ia investindo.*

Mostrei tudo na internet, pedi ajuda para que mobilizassem o setor público para resolver, pois, na hora em que aconteceu, o portão foi derrubado, a água destruiu tudo, como eu iria fazer mais uma vez com minha filha pequena? As pessoas sabiam como eu tinha alcançado tudo, pessoas que ajudei de tantas formas sabiam do meu coração, saíram então buscando visibilidade do caso com diversas figuras famosas até que uma delas se comoveu e foi ao nosso encontro. Gessica Kayane, Gkay, como era conhecida na internet, foi um anjo na minha trajetória. Chegou no outro dia com todo o material de produção perdido e pediu ajuda ao seu público para dar visibilidade ao meu trabalho.

Se a agenda já estava lotada antes, agora então eu tinha que recusar pedidos! Foi um período muito bom, crescemos muito e fiz turmas lindas com diversas alunas. Nessa fase, me aproximei ainda mais de Deus e da espiritualidade. Com mais tempo livre após terminar a pós-graduação, passei a estudar sobre outros assuntos além de confeitaria. Estudei sozinha Psicologia, Antropologia, autoconhecimento. Eu queria curar meus traumas, queria ser realmente feliz e alcançar ainda mais prosperidade.

Estava iniciando as aulas em outros estados e cidades próximas, até que o mundo parou. A notícia da pandemia abalou diretamente o comércio de festas. Não se permitiam aulas com turmas grandes. Casamentos e aniversários proibidos, lockdown em todo lugar. Eu já estava cansada de uma rotina de trabalho constante há quase três anos sem pausas. Aproveitei a situação para tirar férias, descansar e formular as próximas metas.

Nesse período, conheci meu atual marido. Nós nos apaixonamos e foi um amor inexplicável. Não demorou muito e fomos morar juntos. Sem planejar, acabei engravidando com três meses de relacionamento. Foi inesperado, mas ficamos muito felizes. O que eu não contava era com um vírus que peguei logo no início. Tal condição poderia causar danos graves ao bebê, desde microcefalia a paralisia cerebral. Nosso mundo desabou mais uma vez. Eu vivi os nove meses mais angustiantes da minha vida, chorei todos os dias e orei todos os dias. Eu mentalizava constantemente um círculo de proteção ao redor dele, eu suplicava a Deus por um milagre. No decorrer dos exames, o bebê estava perfeito, nunca tinha nada. Os médicos não acreditavam no que acontecia. Num exame mais preciso, colhido diretamente do líquido amniótico, foi constatado que o vírus chegou nele, mas após uma ressonância fetal, mais uma vez, o bebê estava intacto. A ciência não conseguia explicar o caso de Thomas.

O maior especialista que nos acompanhava disse: "Ele é um milagre!". E assim ele nasceu lindo, esperto e muito inteligente. Nem os danos leves, que também eram riscos, como perda auditiva e de visão, ele tinha. Ele nasceu completamente perfeito. E assim, meu coração teve paz, eu poderia voltar à minha rotina.

Thomas tem três meses agora, Stelinha tem quatro anos, meu marido é um superparceiro e a doceria está *a todo vapor novamente. E eu? Agradeço todos os dias pelos presentes e milagres que Deus me deu.*

Eu acredito que Deus colocou a Kamylla no meu caminho logo no final do meu processo de escrever deste livro para que eu mesma pudesse passar por todo o processo que descrevi aqui: estar em contato com Deus, pedir que me guiasse constantemente, ser guiada, entregar e seguir a intuição mesmo quando não faz sentido para o ego, receber as medicinas de uma mulher doce e potente como a Kamylla e, também, poder compartilhar com ela minhas medicinas.

E, claro, para mostrar a você como é importante incluir Deus nos seus planos.

---

Escute este episódio do podcast *Escolha Sua Vida*:

 *O equilíbrio entre as suas energias.*

## SEU TEMPERAMENTO ESPIRITUAL E SEU RELACIONAMENTO COM DEUS

Eu comecei a falar mais abertamente de Deus quando estava grávida do meu segundo filho, Theo. Até porque é difícil não falar de Deus quando está acontecendo um milagre dentro da sua barriga, quando você se descobre parceira de Deus no empreendimento de trazer ao mundo um ser humano.

Aí, é normal que algumas pessoas me perguntem qual é minha religião (eu respondi isso no meu livro *Buda dançando numa boate*). Normal porque, se a gente vê alguém que está conectado espiritualmente, a gente tem a natural curiosidade de saber como aquela pessoa se conecta, talvez para a gente mesmo poder fazer alguma coisa para se sentir mais conectado.

Mas pense comigo: Deus criou cada pessoa com uma personalidade, um conjunto de medicinas, um temperamento. Isso também se reflete no seu "temperamento espiritual". E isso significa que cada pessoa vai se relacionar com Deus de uma maneira única.

Algumas pessoas montam um altar, outras são ativistas, algumas são entusiasmadas e adoram falar de Deus, outras gostam de estudar os livros sagrados.

Algumas se voltam para a ciência e querem explicar a existência de Deus, outras cantam, algumas pintam, outras gostam de estar em silêncio, outras de rezar.

Algumas caminham na natureza, outras se dedicam a um trabalho voluntário, criam projetos sociais, servem sopa para moradores de rua na madrugada, e se colocam a serviço.

Todas elas são expressões válidas da espiritualidade.

O que alimenta minha alma não necessariamente alimentará a sua. Eu amo estar na natureza, por exemplo, mas pode ser que você tenha horror a mosquito e a última coisa que você sinta na natureza seja a presença de Deus. E tudo bem! Deus criou você assim: ele não espera que você se relacione com ele do mesmo jeito que eu, ou sua mãe, sua vizinha ou a Madre Teresa nos relacionamos.

Aliás, se você é mãe ou pai de mais de um filho, você *sabe* que cada um deles se relaciona com você de uma maneira única! Meu filho Davi, de 12 anos, é grudento e adora um colo, mesmo já beirando a adolescência. Já quando eu peço um beijo para o Theo, que tem apenas um ano e sete meses, ele abana a cabeça e diz com toda a propriedade: "Não tem".

Você consegue identificar qual é o lugar ou atividade que tem consistentemente te ajudado a construir um relacionamento com Deus na sua rotina? Se sim, pode me descrever? Se não, qual será o lugar ou atividade que mais tem a ver com seu temperamento espiritual?

Escute este episódio do podcast *Escolha Sua Vida*:

 *Como servir mais e melhor.*

Especialmente num momento de crise global como o que estamos vivendo, é sim um privilégio você ter um emprego, qualquer que seja ele. Mesmo que você, neste momento, odeie o que faz.

Mesmo que, ficando em casa (se você está podendo ficar, o que é outro privilégio!), você esteja percebendo com ainda mais clareza como este trabalho não tem significado, como ele te afasta desnecessariamente da sua família.

Mas, neste momento de crise, será que não é uma heresia, será que não é egoísmo demais ficar falando da importância de trabalhar naquilo que você ama, com tantas pessoas desempregadas e passando dificuldade?

Passei muitos anos questionando meu trabalho de reconectar as pessoas com sua paixão e propósito por causa dessa pergunta, e hoje tenho clareza da resposta: NÃO! Porque tanto o desemprego quanto a fome, quanto todo tipo de desafio socioeconômico que nosso país enfrenta, NÃO serão resolvidos por pessoas que, de manhã, apertam o botão soneca vinte vezes, que se levantam da cama frustradas, com raiva, deprimidas, oprimidas, que fazem um trabalho meia-boca com o qual não se importam, sem nunca darem o melhor de si, sem nunca terem a possibilidade de usar seus talentos.

Hoje vejo com clareza que há muito mais chance de os problemas do mundo serem resolvidos por quem já conseguiu se reconectar com sua essência, por quem acorda entusiasmado, por quem já entendeu que estar a serviço é o que traz significado e propósito para o seu trabalho, por quem se pergunta de manhã: "como eu posso ajudar?".

De resto, temos pessoas vivendo como zumbis. Desconectadas dos seus verdadeiros dons, produzindo muito menos do que seriam capazes. Zumbis não ajudam ninguém, não transformam a sociedade. Não porque não queiram, mas porque não têm condições para isso.

Espero do fundo do meu coração que a crise global sirva para que todos aqueles que precisam recebam o empurrãozinho necessário para refletir sobre isso e dar pelo menos um primeiro passo na direção de se reconectarem consigo mesmos.

Assista a este vídeo:

 *Vou te contar um segredo – eu te dou permissão!*

# SÓ CAI QUEM VOA

Sempre que alguém rir da sua ideia. Sempre que alguém falar que você está maluco. Sempre que alguém evitar você por "vergonha". Sempre que você tropeçar e ninguém estender a mão. Sempre que as coisas não saírem como você planejou. Sempre que parecer que está dando tudo errado. Sempre que você não vir luz no fim do túnel. Sempre que ninguém em volta enxergar futuro para você ou para o seu sonho. Sempre que você pensar em desistir do seu sonho. Sempre que alguém te aconselhar a "deixar isso para lá" e a fazer "um trabalho de verdade". Sempre que você tiver medo. Sempre que você se pegar chorando sozinho. Sempre que as pessoas com quem você contava lhe derem as costas. Sempre que você cair, lembre-se disso: só cai quem voa.

---

Assista a este vídeo:

 *Qual é a sua medicina?*

# E AGORA?

Como você pôde perceber ao longo deste livro, as *medicinas humanas* são mais do que um simples sistema de cura. Elas nos convidam a um novo estilo de vida, mais compassivo, com menos julgamento, mais conectado com a natureza, com todos os seres que nela habitam. Em perfeita harmonia com todos os seres humanos, o momento presente e a Criação, e com seu mais profundo propósito.

Agora, cabe a você aceitar este convite.

Assista a este vídeo:

 *Você escuta sua intuição?*

# GRATIDÃO

Deus, eu reconheço sua bondade e sua grandeza. Reconheço todas as suas bênçãos na minha vida. A família que você me deu. Tanto meus avós maravilhosos que me ensinaram tudo sobre fé e me criaram para ajudar e servir quanto meu avô bígamo, desonesto e errado que me mostrou os caminhos que eu não quero trilhar e me permitiu escolher o amor. Minha criatividade, meus talentos, meus recursos, minhas medicinas, as oportunidades que tive até aqui, a influência e o conforto material, devo tudo isso a você. Reconheço e agradeço o quanto você me ajudou a me libertar do vício do álcool em 2012, e o quanto isso foi importante para eu poder me tornar quem eu venho me tornando, ou melhor, para eu voltar a ser eu. As pessoas que você trouxe para a minha vida e, também, aquelas que você afastou (mesmo as que eu sofri muito quando se afastaram, pois hoje eu vejo como isso precisava acontecer para que eu pudesse ser quem sou hoje).

Reconheço que não cheguei aqui sozinha. Nunca foi sorte, eu fiz minha parte, mas você fez a sua, que foi *muito* maior o tempo todo.

Agradeço pelas coisas que, na época, pareciam perrengues e fundos do poço, mas que eram necessárias para eu crescer, encontrar ou ativar minhas medicinas e escolher

PRESTE ATENÇÃO NA SENSAÇÃO DE PAZ: ESSE É O SINAL VERDE DE DEUS PARA QUE VOCÊ SIGA EM FRENTE. SE NINGUÉM EM VOLTA ACREDITAR EM VOCÊ, SE NINGUÉM APOIÁ-LO, MAS INTERNAMENTE VOCÊ SENTIR ESSA PAZ: DANE-SE TODO MUNDO!, O SUJEITO QUE O CRIOU ESTÁ DIZENDO QUE TÁ TRANQUILO, TÁ FAVORÁVEL.

minha vida. Meu divórcio, minha demissão, as traições que sofri, os relacionamentos abusivos e o *burnout* que tive em 2016 e que me levou a descansar num hotel em Búzios, onde conheci o amor da minha vida, com quem construí a família que sempre sonhei construir.

Agradeço pela minha saúde, por me permitir gerar duas vidas que não precisaram encarnar na matéria, depois gerar e gestar uma vida aos 42 anos e ser a pessoa mais feliz que eu conheço.

Eu não cheguei aqui sozinha. Me permita nunca esquecer disso e agradecer todos os dias.

# MAIS AGRADECIMENTOS

Nada do que eu faço seria possível sem meu marido, Rodrigo, meus filhos, Davi e Theo, minhas enteadas, Clara e Sarah, minha mãe, Suely, minha família e toda a minha equipe *Escolha Sua Vida*.

Quero agradecer aos meus clientes do grupo Lótus, que por um semestre ou mais compartilham comigo suas medicinas, e, em especial, àqueles que compartilharam suas medicinas mais profundas com você aqui neste livro.

Quero agradecer, também, ao meu editor e amigo, Anderson Cavalcante, que se tornou um grande parceiro nesta jornada de construção de uma obra que possa, de forma simples, levar conhecimentos profundos e transformadores a quem ouvir o chamado.

Meu agradecimento especial à minha audiência, com quem eu compartilho diariamente minhas medicinas e com quem troco ideias, seja por e-mail, direct, seja nos meus eventos e aulas online.

E meu mais profundo obrigada a você, que está aqui comigo lendo o que escrevo, recebendo de coração aberto minhas medicinas e as de meus alunos.

Já se cadastrou na área exclusiva de leitores? Preparei aulas e materiais especiais para você. Acesse e aproveite!

# REFERÊNCIAS BIBLIOGRÁFICAS

ABREU, Paula. *Buda dançando numa boate*. São Paulo: Buzz, 2019.

ABREU, Paula. *Escolha sua vida*. São Paulo: Buzz, 2020.

ALTUCHER, James; ALTUCHER, Claudia Azula. *The Power of No*: Because One Little Word Can Bring Health, Abundance, and Happiness. Carlsbad: Hay House Inc., 2014.

BOURBEAU, Lise. *As cinco feridas emocionais*. Rio de Janeiro: Sextante, 2017.

BURCHARD, Brendon. *O poder da energia*. Ribeirão Preto: Novas Ideias, 2013.

DAHLKE, Rüdiger. *Qual é a doença do mundo?* São Paulo: Cultrix, 2004.

DAHLKE, Rüdiger; DETHLEFSEN, Thorwald. *A doença como caminho*: uma visão nova da cura como ponto de mutação em que um mal se deixa transformar em bem. São Paulo: Cultrix, 1992.

DICIONÁRIO Oxford escolar. 3ª ed. Oxford University Press, 2018.

FEICK, Melissa. *A Radical Approach to the Akashic Records*: Master Your Life and Raise Your Vibration. Ann Arbor: Bowker, 2018.

KATIE, Byron. *Ame a realidade*. Rio de Janeiro: BestSeller, 2009.

NÓVOA, Maria Helena. *O espelho da Lua*. Rio de Janeiro: BestSeller, 2001.

RICHARDSON, C. *The Art of Extreme Self-care*: 12 Practical and Inspiring Ways to Love Yourself

More. Carlsbad: Hay House Inc., 2009.

SAMS, Jamie. *As cartas do caminho sagrado*. Rio de Janeiro: Rocco, 1994.

SAMS, Jamie; CARSON, David. *Cartas xamânicas*: a descoberta do poder através da energia dos animais. Rio de Janeiro: Rocco, 2000.

SCHUCMAN, Helen. *Um curso em milagres*. Foundation for Inner Peace, 2015.

THOREAU, Henry David. *Walden*. Porto Alegre: L&pm, 2010.

TIPPING, Colin. *Radical Forgiveness*: A Revolutionary Five-Stage Process to Heal Relationships, Let Go of Anger and Blame, Find Peace in Any Situation. Louisville: Sounds true, 2009.

TOLLE, Eckhart. *Um novo mundo*: o despertar de uma nova consciência. Rio de Janeiro: Sextante, 2007.

UYLDERT, Mellie. *A magia das plantas*. São Paulo: Pensamento, 1989.

VEIGA, Francisco Daudt de. *O aprendiz da liberdade*. São Paulo: Companhia das Letras, 2000.

WILLIAMSON, Marianne. *Um retorno ao amor*. Rio de Janeiro: BestSeller, 1992.

FOTO: GUSTAVO OTERO

PAULA ABREU é uma das coaches e treinadoras de desenvolvimento pessoal com mais seguidores no Brasil, reconhecida internacionalmente.

Pioneira na educação online no Brasil, seus vídeos de desenvolvimento pessoal e espiritual já foram assistidos mais de 7 milhões de vezes. Mais de 200 mil pessoas já fizeram seus treinamentos online.

Saiba mais: escolhasuavida.com.br.

Fontes FREIGHT TEXT PRO, SOLIDO
Papel PÓLEN SOFT 80 g/m²
Impressão GEOGRÁFICA